技工院校通用职业素质课程实验教材

理解与表达

（修订版）

宦　平　主编

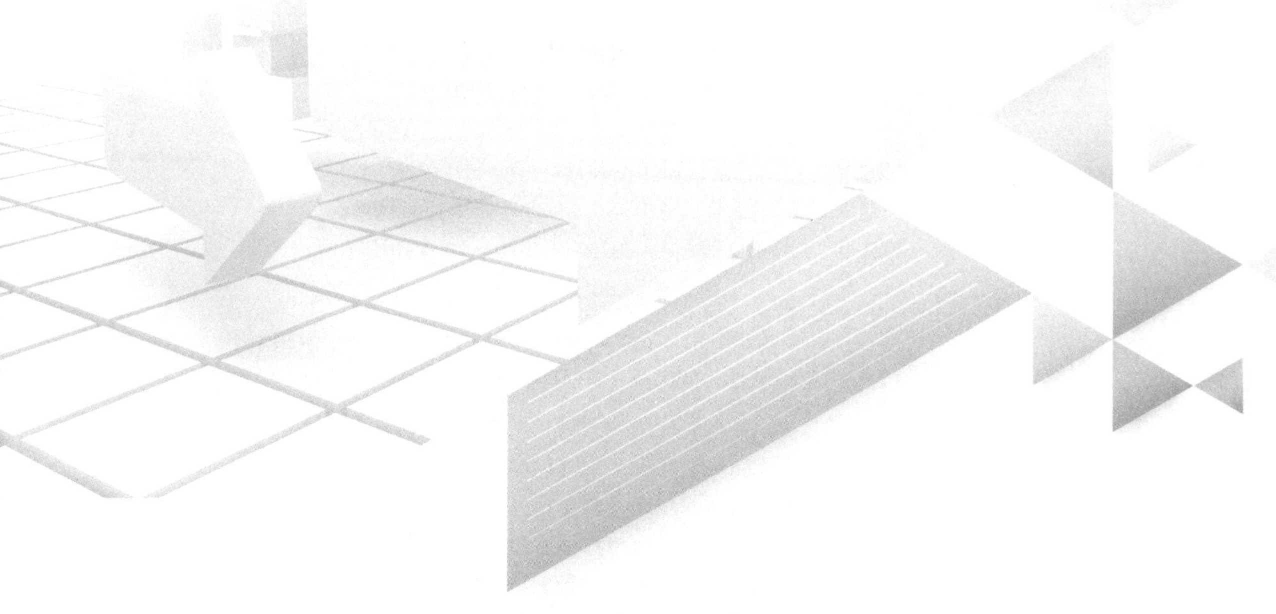

中国劳动社会保障出版社

图书在版编目（CIP）数据

理解与表达 / 宦平主编 . -- 修订本 . -- 北京：中国劳动社会保障出版社，2021
技工院校通用职业素质课程实验教材
ISBN 978-7-5167-3860-3

Ⅰ . ①理… Ⅱ . ①宦… Ⅲ . ①汉语 - 应用文 - 写作 - 中等专业学校 - 教材 Ⅳ . ① H152.3

中国版本图书馆 CIP 数据核字（2021）第 217377 号

中国劳动社会保障出版社出版发行
（北京市惠新东街 1 号 邮政编码：100029）
*
北京华联印刷有限公司印刷装订 新华书店经销
787 毫米 × 1092 毫米 16 开本 11.25 印张 150 千字
2021 年 11 月第 2 版 2025 年 12 月第 12 次印刷
定价：28.00 元

营销中心电话：400-606-6496
出版社网址：http://www.class.com.cn
http://jg.class.com.cn

前言

技能人才是我国人才队伍的重要组成部分，也是实施人才强国战略、就业优先战略和创新驱动发展战略不可或缺的支撑力量。着力培养高素质劳动者和技术技能人才，对于迈入新时代、培育新动能、实现经济社会高质量发展具有十分重要的现实意义。

党中央、国务院高度重视技能人才队伍建设。党的十九大报告提出要建设知识型、技能型、创新型劳动者大军。2018 年国务院下发的《关于推行终身职业技能培训制度的意见》中，明确提出要“强化工匠精神和职业素质培育”。技工院校是培养技能人才的摇篮，加强通用职业素质课程建设，是弘扬劳模精神、劳动精神和工匠精神，促进学生养成良好职业素质的有效途径，更是强化“德技并修、工学结合”育人机制，落实立德树人根本任务，提高技能人才培养质量的重要举措。

通用职业素质是从业人员除岗位所需要的专业知识和技能外，在职业活动中所表现出来的最关键、最核心的综合品质和能力，是从业人员职业理想信念、职业基本意识、通用职业能力、通用职业知识等方面的综合体现。技工院校通用职业素质课程由自我管理、自主学习、理解与表达、交往与合作、信息检索与处理、企业管理与企业文化、就业指导与实训和创业创新指导与实训等模块组成，着重体现职业素质在宏观意识和一般方法上的导向作用，为专业课程中的职业素质融合运用提供方法论基础。通过公共课的系统学习和专业课程的情境应用，从而在学生职业素质培养上形成双管齐下的叠加效应。

本课程以学生终身职业发展为目标，以实用性、有效性和综合性为原则，根据职业发展所需要的各项通用职业素质构建课程体系和内容，以学生为主体进行教学设计并安排教学活动，强化学生通用职业能力的培养。表现出以下几个鲜明特点：

第一，以学生需要为中心。课程内容设置紧密围绕学生在职业素质方面的主观需要和客观必需，帮助学生明确学习目标，确立养成途径，最终适应岗位和适应职业发展。教学活动注重凸显学生的主体地位，通过引领学生自主探究和实践，获得价值体验，在行动中内化观念、意识和知识，逐步掌握方法，增强能力，提升素质。

第二，以职业发展为核心。课程目标设定、模块架构、教学实施和学习评价均指向帮助学生获得更好的职业发展。课程的功能定位是在职业理想信念驱动下的职业基本意识和通用职业知识的综合运用，为学生就业、转岗、创新创业提供支撑，满足学生职业发展的素养要求。

第三，以能力培养为重心。坚持以能力本位、问题导向为原则，课程内容不追求知识体系的完备性，不灌输不必要的概念性、理论性知识，尽量避免生硬的理论阐述。聚焦解决职业活动中的实际问题，将知识传授与能力训练相结合，通过案例分析、任务引领、项目训练等活动教学，重在培养通用职业能力，侧重考察实践过程和结果，引导各项素质培育有机融合，相互促进。

通用职业素质课程是全新的课程，教材也在实验与完善中，希望各地各校在教学实验中总结经验，提出修改和完善的建议。

本课程提供配套线上资源，可登录 http://jg.class.com.cn 观看或下载。

目录

上 篇

下 篇

上篇 >>>

第一课　关键词与主题

学习目标

1. 能够在文本中准确提取关键词，在理解其基本含义的基础上，确定其在语境中的确切含义。

2. 能够根据文本思路、结构厘清关键词之间的逻辑关系。

3. 能够以寻找关键词为基本方法，结合相关知识背景，准确理解、提炼文本要点和主旨。

4. 能够将“阅读—思考—理解”的结果转化为规范的文字，进行准确而简洁的表达。

翻转课堂

我们刚出生时，只是一个动物意义上的人，只有通过后天不断的学习，才能逐渐成为一个社会意义上的人，而我们所学内容之中，最重要的一种就是语言。

语言是我们思维、交流的工具。语言的最小单位是词，每个词都对应一个或多个事物（比如：水、车、马），或者事物之间的关系（比如：因为、而且、假如）。通过对词的学习和掌握，我们逐步认识相互关联的事物，进行连续的思维活动，并通过词与词的组合而产生的句子来表达一个完整的意义。

我们来看这个例子：“生活、水、里、鱼、在”是5个彼此独立的词。其中“在”是用来表示事物关系的，其他每个词都有一个或多个意思。一般情况下，我们不会单独用其中的一个来认识事物、思考问题和表达思想，但如果将它们按照公认的规则有序地组合起来，就能表达一个完整的意思了，就是：鱼生活在水里。这个句子不但描述了一种可观察到的普遍现象，还可依据常识推导出“鱼儿离不开水”这个具有规律性的结论。假如我们一定要弄明白鱼为何一定生活在水里，那就得从相关文章中去寻找答案了。也许有同学会说，我们可以看图画、视频啊，那多有趣。是的，图画、视频确实比文字直观生动得多。但是，图画、视频制作之前也还是要写脚本的，无论是写在脑中还是写在纸上，脚本都算是文章的一种形式。

正确阅读并理解文章，是我们学习知识、发展智慧，学会沟通，提升社会参与能力必须具备的基础。

组成文章的最小单位是句子，句子又是由词和词有序组成的。因此，正确理解文章，对各个词所代表的事物及事物间关系的把握最为关键。

本课的重点就是基于我们对词及词与词关系的把握，进而来推导文章的主旨。而我们在生活和工作中，需要表达自己的思想时，则要从主旨出发，选择最恰当的词并进行最合理的组合。

下面，我们来做几个测试题。注意：做题时，别忘了先准确理解题意；思考时，别忘了联系相关常识；答题时，别忘了就答案先给自己一个充分的理由。

1. 下列与众不同的一项是（　　）。

A. 斑马　　B. 军马　　C. 赛马　　D. 驸马

2. 下列与众不同的一项是（　　）。

A. 锡　　B. 铜　　C. 铁　　D. 钢

3. 下列与众不同的一项是（　　）。

A. 证件照　　B. 结婚照　　C. 艺术照　　D. 毕业照

4. 如果笔相对于写字，那么书相对于（　　）。

A. 娱乐　　B. 阅读　　C. 学文化　　D. 解除疲劳

5. 马之于马厩，正如人之于（　　）。

A. 学校　　B. 农场　　C. 房屋　　D. 街区

6. 就光谱而言，下列词语中词义接近的两个是（　　）。

A. 日光　　B. 星光　　C. 月光　　D. 灯光

E. 火光　　　　　　F. 烛光

7. 下面每句话都是一个判断，其中最合理的一个是（　　）。

A. 只要下雪，地面就都会被雪花覆盖。

B. 凡有钱人，都不会在意丢掉点小钱。

C. 有的人活着，却死了；有的人死了，却活着。

D. 善意的谎言，不是谎言。

8. 就下列谜面，各猜一四字成语。

①冲奶粉 ②骡子 ③七除以二 ④最新记录

9. 一个人向北走，最远能走到哪里？

10. 下列是林凡所做的一首小诗，请为其拟写一个题目。

是谁
敲响了夜
也敲碎了我的梦
啊——
一定是上天
在洗涤人间的污浊

这个测试的目的是想告诉我们，审题就是理解，答题就是表达。如果我们不能准确理解题目，也就是理解命题人的真实用意，思考就会出现偏差；而如果不能明确自己思考的结果并准确地表达出来，答案就容易出错。

同理，我们在读他人的文章或听他人说话时，最重要的是要获得他人想要表达的真实意思；而我们自己无论是说话还是写文章，也是希望他人能懂得自己的真实意思。

知识与方法

关键词是指能体现一句话、一段文字、一篇文章主要内容、中心思想，或者对阐述事理、表情达意起重要作用的词或短语。关键词属于关键信息，关键信息除关键词外，还包括关键句、关键细节。就关键词而言，它可能是一个或几个名词、动词、形容词，也可能是一个或几个表示上下文逻辑关系的关联词。

对关键词的准确把握，是理解他人信息含义的钥匙。有了这把钥匙，我们就可以走进他人用文字构建的信息王国，准确找到隐藏在这个王国某个隐秘之处的思想宝藏，也就是作者自己想要表达的、原汁原味的、真实的思想感情。

把握关键词，首先要建立在对文本整体内容的大体领悟上，对文本的第一次整体阅读所产生的心理感触尤为重要。如果没有这样的“感触”，我们可能就不会去读第二遍，也就难以确定哪些是关键词，关键词和整体内容之间是什么关系，也就难以从关键词出发，对文本进行深度理解，进而精确领悟、提炼作者所要表达的主旨了。

把握关键词，还要懂得词的基本知识，最重要的是要理解词的基本义、引申义、比喻义等，把握词的感情色彩。同时要知道，词一旦进入一个具体语境，其含义及感情色彩就被固定下来，有的词还会被语境赋予平常所没有的特别含义——语境义。

把握关键词，还需要我们具有相应的知识背景和生活经验，因为所有文本都是建立在作者对所具有的知识的应用和对生活的基础理解之上的，我们如果没有与之匹配的知识背景和生活经验，就可能望文生义，也就难以理解作者所表达的准确含义了。

如果文本中有两个或者更多的关键词，就需要在弄懂每个词的基础上，厘清关键词之间的逻辑关系，将这些关键词连接起来进行整体把握，这样我们距离作者所要表达的主题就不远了。

我们来看这个例子：

春节期间，交警在高速公路电子屏上打出了一条横幅：汽车跑得快，阎王最喜爱。

短短10个字，在硕大的电子屏上太醒目了，想不看都不行。相信高速公路上的司机或乘客都会在第一时间有所感触。那么，这条横幅究竟要表达什么意思呢？

根据语境，我们从中提取两个关键词："快""阎王"。用最笨的办法——查阅词典。"快"有7个义项：速度高（与"慢"相对），锋利（与"钝"相对），直截了当，爽快、痛快，高兴、舒服，灵敏，将、就要；"阎王"有2个义项：阎罗——掌管地狱的神，比喻凶恶残暴的人。

根据语境，我们确定这两个关键词的基本意思分别是：速度高（与"慢"相对）；掌管地狱的神。

现在的问题是，高速公路上，汽车的速度本来就快，为何交警还要作"汽车跑得快，阎王最喜爱"这样的警示呢？这就需要我们运用知识背景和生活经验来进行理解了——高速公路对汽车有每小时80公里、100公里、120公里等限速规定，这里的"快"显然是指超速——这就是"快"的语境义。超速最容易导致车毁人亡的恶性事故，阎王当然最喜爱了——这就是将两个关键词联系起来进行整体把握。

到这里，我们是否就真的理解了交警的良苦用心了呢？未必！因为高速公路上可能导致"阎王最喜爱"的行为还有许多，如车速过慢、违法停车、倒车、占用应急车道、疲劳驾驶、酒后驾驶等。横幅中，交警用最常见的超速来代表所有的交通违法行为，以此告诫所司机：遵守交规，珍爱生命——这才是横幅的主旨所在。

由此可见，对关键词，包括关键句、关键细节等关键信息的准确把握，是我们准确理解文本真实含义，或者说准确理解作者表达意图的基础。这个基础越扎实，对他人文本的理解就越准确、越有效。因此，只有在整体阅读全文的基础上，从以关键词为起点的关键信息入手，我们才能在文本中通过文本结构寻踪觅迹、追根溯源，准确理清作者的表达思路，把握作者所要表达的主题思想，而不是自己所谓见仁见智的理解。

示例

下面是近代思想家梁启超（1873—1929）对上海中华职业学校学生所作演讲《敬业与乐业》中的一段话。

人生在世，是要天天劳作的。劳作便是功德，不劳作便是罪恶。至于我该做哪一种劳作呢？全看我的才能何如，境地何如。因自己的才能、境地，做一种劳作做到圆满，便是天地间第一等人。

初读整个语段，我们可以得到第一印象，那就是“劳作”，尤其是开宗明义的第一句话：“人生在世，是要天天劳作的。”而在这个只有84个字、5个句子的语段中，“劳作”一词前后出现了5次。可见，这“第一印象”的产生是得到原文的支持的。

现在，我们来讨论一下“劳作”这个关键词。当然，我们将其确定为关键词，并不是因为其出现的次数多，而是5个句子所表达的意思都和这个词有关。尽管许多时候，关键词只出现一次，比如该语段中的“圆满”“第一等人”，只要能帮助我们准确理解作者的表达意图，不管它出现多少次、出现在什么位置、以什么方式出现，都是关键信息。

翻开《现代汉语词典》，“劳作”有两个义项，一是做名词，指旧时小学所开设的以手工和其他体力劳动为主的一门课程；二是做动词，主要指体力劳动，也就是干活。根据语境，这里的“劳作”显然指以体力劳动为主的干活。将这个意思代入语段前两句，应该没有问题。但代入后三句，会有些语感上的不舒服。结合语段文意和该演讲听众是中华职业学校学生的表达背景，这后三句话中的两个“劳作”的意思可以理解为“相对稳定的工作”“职业”这样的语境义。我们将其代入语段，可以发现整体文意是支持的。

“圆满”是该语段中又一个关键词，它的常用义项有2个：没有欠缺、遗漏，使人满意。但联系上下文，第一个义项更多地表达了工作质量、数量上的刚性目标，第二个义项则容易让人感觉做好工作只是为了让他人满意，而从语段整体考虑，作者更多地是想表达一个人对“劳作”应该持有的基本态度。据此，我们将“圆满”理解为完美或者极致，才更加符合作者的本意，这从该文本的标题“敬业与乐业”也可以得到验证。

梁启超那个时代，每个人都生活在一定的阶级里，有着高低贵贱之分，所以语段中才有“天地间第一等人”这个说法。但语境中的“第一等人”显然不是指当时客观存在的所谓“上等人”，而是指那些能够将“劳作”做到“圆满”的人——他们中有工人、农民、店员、车夫等——他们身份虽然卑微，但品格却很“高贵”。与此相对的就是“不劳作”。从“劳作便是功德，不劳作便是罪恶”这一关键句看，“不劳作”者才是作者心目中真正的“下等人”。因此，语段中“第一等人”的实际含义是指那些将工作做到完美、做到极致的人——这是语境赋予该关键词的特别意义。

该语段，作者表达的基本思路是：必须劳作——这是人生应有的基本前提；不劳作便是罪恶——这是人生应有的基本态度；合理择业，追求完美——这是人生应有的基本职业境界。

将其中“劳作”“圆满”“第一等人”等关键词联系起来看，梁启超想表达的主题显然是：赞誉爱岗敬业，鄙视好逸恶劳。

训练一　整体感知与关键信息

训练提示

1. 将文本整体上认真阅读一遍。在你阅读的时候，最好在一边放一个笔记本，摘录阅读过程中遇到有感触的词句、观点、现象、事件等，也可以质疑、点评。如果你阅读的是纸质书，可以直接在书上圈点，也可以写在字里行间或页眉、页边、页脚等空白处。记住：这是一种有效的读书方法，如果养成习惯，将受益终身。

2. 想一想：这个文本都说了些什么？哪些内容或句子是你印象最深的？不管你认同还是反对。

3. 将文本再读一遍。这次你需要用铅笔，将你认为的关键信息标注出来。当然，在课本中，有些文本的有些关键信息我们已经给出，但为什么这些是关键信息，需要自主领悟。

4. 对你标注出来的关键信息，在这个特定的文本中，运用已有的知识和经验进行解读；当然，我们更提倡运用现代信息技术和相关路径、策略来进行更加准确而有效的解读。比如，就一个关键信息的解读结果吃不准，我们可以从网络搜索各种相关信息进行比较分析，看看哪个信息更可靠，哪个表述更合理，哪个结果更权威。当我们运用这种方法或策略时，需要注意网络信息的出处、作者以及是否经过权威机构或专业人士的审核。因为网络信息很庞杂，还有一些貌似正确而实质错误的信息，需要我们认真辨析——当我们这样做的时候，其实也是对我们相关能力的一种有效锻炼。

5. 将解读的结果代入文本，联系上下文，看看能否得到支持和验证，如果不能，则要考虑你的解读是否有问题。要知道，我们解读关键信息的目的不是为了证明作者是错的，而是为了精确地探寻作者的表达主旨或者意图——不管你对该主旨或者意图是否认同。

6. 将你圈出的关键信息，按照文本的表达顺序联系起来，看是否能构成一条线索，或者一种逻辑关系。如果不能，可能你圈出的关键信息在某处出现了瑕疵。要知道，我们选进课本的文本原则上总是规范的，其主旨表达、内容构成、行文顺序，总是有条理的，尽管这种条理有的明显，有的较为隐秘。

7. 你能根据关键信息及其解读，概括出文本的内容要点，进而推导出文本的主题吗？换个问法，当你阅读一个文本后，能用最简洁的篇幅准确概括出文本的主要内容吗？如果提高一个难度等级，你能用最简洁的篇幅准确概括出文本所反映的主要问题吗？

8. 当我们做这一切的时候，一定要从文本及其语境出发，切忌主观臆断、断章取义，坚决反对将自己的观点强加给作者以及曲解作者的观点。我们提倡对文本进行善意的质疑和合理的批判，但必须建立在准确理解文本主旨和作者意图的基础之上。

题一

我们说的做的究竟能不能解决问题，问题解决得是不是正确，关键在于我们是否能够理论联系实际，是否善于总结经验，针对客观实际，采取实事求是的态度，一切从实际出发。

——选自邓小平《在全军政治工作会议上的讲话》第一部分“讲讲实事求是”

1. 下列对“问题”一词的解释，符合文意的一项是（　　）。

A. 要求回答或解释的题目

B. 需要研究讨论并加以解决的矛盾、疑难

C. 关键之点；重要之点

D. 事故或麻烦

2. 下列对“关键”一词的解释，最符合文意的一项是（　　）。

A. 门栓或功能类似门栓的东西

B. 比喻事物最紧要的部分

C. 比喻对情况起决定作用的因素

D. 形容最关紧要的

3. 根据文意，将句子压缩到 15 字以内，结构不变。

____

题二

窗子在园林建筑艺术中起着很重要的作用。有了窗子，内外就发生交流。窗外的竹子或青山，经过窗子的框框望去，就是一幅画。颐和园乐寿堂差不多四边都是窗子，周围粉墙列着许多小窗，面向湖景，每个窗子都等于一幅小画（李渔所谓“尺幅窗，无心画”）。而且同一个窗子，从不同的角度看出去，景色都不相同。这样，画的境界就无限地增多了。

明代人有一小诗，可以帮助我们了解窗子的美感作用：一琴几上闲，数竹窗外碧。帘户寂无人，春风自吹入。

——选自宗白华《园林建筑的空间美感》

1. 能体现整个语段大体文意的一个句子是什么？为什么？

2. “有了窗子，内外就发生交流”是文中的一个关键句。请用文中现成的句子说明这种“交流”的具体内容。

3. 文中配图即颐和园乐寿堂，根据语段中相关描述，为该图拟一个标题。（不超过 10 个字）

题三

两百多年前，富兰克林曾说：“将来人类的知识将会大大增加，今天我们想不到的新发明将会屡屡出现，我有时几乎后悔我自己出生过早，以致不能知道将要发生的新事物。”

想一想“新事物”有哪些？火车、轮船、飞机、高楼、自来水、电话、电灯、电影、电视、手机、电脑、器官移植、核能发电、人造卫星等。

为什么这两百年产生了这么多新事物？是因为工业发展大大促进了人类的生产力。

这个变化是一件非常惊人的事情。

两百年前全球农业人口占总数的 80% 以上；现在，美国农业人口仅占全国的 1%~2%，粮食不仅可供全国食用，还可大量出口。我再举一例，去年《财富》杂志称，近 30 年来成立的科技公司的总资产已近 1 万亿美元，而且还在与日俱增。

这两百年，尤其是近 50 年来，三个互相关联的环节推动着世界的前进：首先是科技，科技带动工业，工业则带动经济，经济的发展又促进科技发展。

——选自杨振宁《世纪之交的科学随想》

1. 阅读文本，在不回看的前提下，判断下列说法的正误；然后再回到文本中，看自己的答案是否能够得到文本的支持；如果得不到支持，则可以确认回答错误；请将自己的错题及答错的原因简要地写出来。

——传统火车、电话早已被高铁、智能手机取代，因而算不上什么新事物。(　　)

——人类将来的知识会大大增加，以至于无法预测未来会有怎样的新发明。(　　)

——新事物层出不穷，是因为工业的高速发展。(　　)

——美国农业人口仅占总人口的1%~2%，是因为科技公司大量诞生，吸纳了大批农业劳动力。(　　)

——科技带动工业，工业促进经济，经济发展反过来又促进科技的发展，这是一种良性循环。(　　)

2. 能体现文本主要内容的句子是什么？为什么？

3. 根据文意，列出能反映该文本内容和主旨的3个关键词，给予必要的解读，并将解读的结果放入文中进行验证。

4. 根据文意思考：作者想表达的主旨是什么？

题四

为了提炼纯净的镭，居里夫妇搞到一吨可能含镭的工业废渣。

他们在院子里支起了一口锅，一锅一锅地进行冶炼，然后再送到化验室溶解、沉淀、分析。而所谓的化验室是一个废弃的、曾停放解剖用尸体的破棚子。

玛丽终日在烟熏火燎中搅拌着锅里的矿渣，她衣裙上、双手上，留下了酸碱的点点烧痕。

一天，疲劳至极的玛丽揉着酸痛的后腰，隔着满桌的试管、量杯问皮埃尔："你说这镭会是什么样子？"皮埃尔说："我只是希望它有美丽的颜色。"

经过3年又9个月，他们终于从成吨的矿渣中提炼出了0.1克镭。它真的有极美丽的颜色，在幽暗的破木棚里发出略带蓝色的荧光。

——选自梁衡《跨越百年的美丽》

1. 用自己的话概括该语段的主要内容。（不超过50个字）

2. 文中两处出现"美丽"一词。前者偏重于体现居里夫妇对事业的执着，而后者更侧重于表达对居里夫妇由衷的赞誉。但两者都基于同一含义，这个含义是（　　）。

A. 好看　　B. 完美　　C. 绚烂　　D. 俊俏

3. 根据文中对居里夫妇工作的描述，将相关信息填入下表。

任务描述	
原料	
设备	
工艺	
成果预估	

4. 根据文意，给文中配图拟写一个标题。（不超过 10 个字）

训练二　作者思路与文本结构

训练提示

1. 每篇文章，都有思路。何谓“思路”？叶圣陶先生有过形象的解释：“思路，是个比喻的说法，把一番话、一篇文章比作思想走的一条路。思想从什么地方出发，怎样一步一步地往前走，最后达到这条路的终点，都要踏踏实实摸清楚，这就是注意思路的开展。”说得简单点，文章的思路，就是先说什么，后说什么，最后说什么。凡被选进课本的文本，这种思路都很清晰。

2. 阅读文本时，要想真正理解作者对事物的真切认识，体会作者所表达的真情实感，领会作者写文章的真正意图，就必须在整体感知的基础上，理清作者写作的思路，也就是表达的顺序。这样才能更好地从整体出发，理解内容，体会和推敲重要词句、关键信息在语言环境中的意义和作用。

3. 一篇文章，有一篇文章的思路；一个段落，有一个段落的思路；即便是一句话，其词语的组成也有思路。思路不同，就会引发逻辑关系的变化，其表达的意思也会随之改变。我们以下面这几个句子的语序为例来说明这一点。

① 没有下完的一盘棋。

② 没有一盘下完的棋。

③ 没下完的棋有一盘。

这 3 个句子所用的词完全一样，但由于语序不同，所表达的意思也就不尽相同，甚至迥然相异。

第①句与第③句意思几乎相同，但两者的差异绝对不能忽视，因为第①句强调的是没有下完的“一盘棋”，专指那盘棋；而第③句强调的是没有下完的棋“有一盘”，专指没下完的棋的数量。

第①句与第②句的意思就完全不同，因为第②句表达的是“所有的棋都没有下完”。之所以有如此区别，完全取决于作者表达的思路和意图。

4. 文本的结构是指作者对内容的组织、安排方式，是作者表达思路的外在表现。文本的结构常遵循“凤头、猪肚、豹尾”的基本原则，具体说就是“开头漂亮，结尾有力，中间的段落、层次有序饱满”。当然，其中也包括线索、文理、语感，及过渡、照应、夹叙夹议、补充说明等文本写作的一些基本元素。而文本结构基本原则的具体应用及相关元素的组合方式，完全取决于作者的写作意图和逻辑思路。因此，我们可以从文本结构来推导作者思路，反之也可以由作者思路来把握文本结构，两者相辅相成。如果我们能将两者有机结合，则能更准确地理解文本，领悟作者表达的真正意图。

5. 文本结构除了上述通用的基本元素外，具体到某一篇，要厘清其结构特点，还是需要一定方法的辅助的。

首先，要抓住文体特征，注意不同文体的基本结构思路。如议论文的基本结构方式是“引论—本论—结论”。写作时，一是可以采用纵式结构——提出论点后，逐层深入；二是可以采用横式结构——提出论点后，从构成论点的几个方面平行论述。如说明文的基本结构方式可以分为三种：时间顺序，空间顺序，事理顺序。

其次，要抓住文中一些标志性的关键词句。这种关键词句主要有用以衔接上下文的关联词语，如："一方面……一方面……"，表示并列关系；"首先……其次……再次……最后"，表示主次关系；"更""而且""甚至"，表示递进关系；"因此""之所以……是因为……"，表示因果关系；"但是""与此不同"，表示转折关系；等等。再就是用以衔接上下语段的过渡句、前后照应句，以及语段的首、尾句，文中反复出现的句子，等等。

再次，注意文章常用的三种常见的结构方式。一是"总—分"式，二是"分—总"式，三是"总—分—总"式。

最后，要注意词句、语段的组合关系，看其是否围绕同一中心话题。文章都是由词句、语段，按一定条理、层次组合而成的，各词句、语段间，不管怎样排列，所表达的内容都是要围绕中心话题的，而语段中各个词句的衔接都有一定的语脉、语气。阅读时，要注意把握其中的细微关系，尤其要注意文中表达方式（包括表达的立场、角度，情感、价值观）的转换，才能更好地理解文章的内容和主旨。

题一

人生到底有多少天？不同的人有不同的答案，但我看人的一生无一例外的就只有三天：昨天、今天、明天。经营好这三天，就经营好了一生。

昨天的日子很长，说不清有多少天，但不管有多少天，也不管是受到挫折，还是取得辉煌，都只能代表过去，不能代表将来。比如昨天贫困潦倒的人将来可能会变成富翁；昨天锦衣玉食的人将来可能沦为乞丐；昨天打工的人将来可能会变成老板。这就是三十年河东三十年河西。世上没有永远的胜利，也没有永远的失败，胜利和失败在合适的条件下是能够转化的。因此，我们不必为昨天的挫折而萎靡不振，也不必为昨天的辉煌而狂妄自大。只有把过去的挫折和辉煌都作为今天的垫脚石，才能攀登美好的明天。

今天的日子很短，而且正在自己的脚下以秒计算地缩短。今天是昨天和明天的接力处，接力棒交得好，便会走向辉煌的明天；接力出问题，便会前功尽弃。因此，面对今天，我们不要总是怀念过去，过去的就让它过去了，只有从零开始，脚踏实地，全身心地经营好今天，才会结出丰硕的果实。今天的事一定要今天完成，绝不能推到明天。如果总是面对今天望明日，明日何其多，明日的明日便是人生的尽头了，结果不但今天没有经营好，明天也悄悄地溜走了。

明天的日子还有多长？谁也说不清。明天是辉煌，还是落败？谁也道不明。明天既向我们显示机遇，又向我们发出挑战。明天的希望是美好的，但路途绝不平坦，到处布满荆棘。但不管怎样，有一点是可以肯定的，那就是花好月圆的明天，只接纳奋斗不息者。

因此，我们只有善于汲取昨天的经验和教训，利用今天做好新跨越的准备，斗志昂扬地去挑战明天，才能为人生画上一个圆满的句号。

——马银文《经营好自己一生中的三天》

1. 先阅读文章一遍，在不回看文章内容的前提下，判断下列说法的正误；然后再回到文章中，看自己的答案是否能够得到文章内容的支持；如果得不到支持，则可以确认回答错误；最后将自己的错题及答错的原因简要地写出来。

——只要经营好三天，就经营好了一生。(　　)

——昨天的失败或成功，都是过去的事，没有意义。(　　)

——“三十年河东，三十年河西”指的是昨天和今天。(　　)

——过去的每一天其实都是明天的垫脚石。(　　)

——“接力棒”从每天的 0 点开始交接，24 点结束。(　　)

——不要总怀念过去，因为明天会有很多的机遇。(　　)

——今日复明日，明日何其多。(　　)

——今天时间以秒计，明天的日子必辉煌。(　　)

——三天中，属于今天的时间最短。(　　)

——“圆满”的明天只接纳那些每天都斗志昂扬的挑战者。(　　)

2. 按照表内提示，从文本中找到并填写各项关键信息。

作者思路	文本结构	关键信息
提出观点	开头：设问开题	
观点阐述一	分述：切题	
观点阐述二	分述：切题递进	
观点阐述三	分述：切题递进	
得出结论	结尾：概述结论	

3. 根据文意，解释文中“昨天、今天、明天”的确切含义。

昨天：____________________

今天：____________________

明天：____________________

4. 根据文意思考：“昨天、今天、明天”之间，以及三者与“人生”之间的关系各与下列哪种图形最契合？

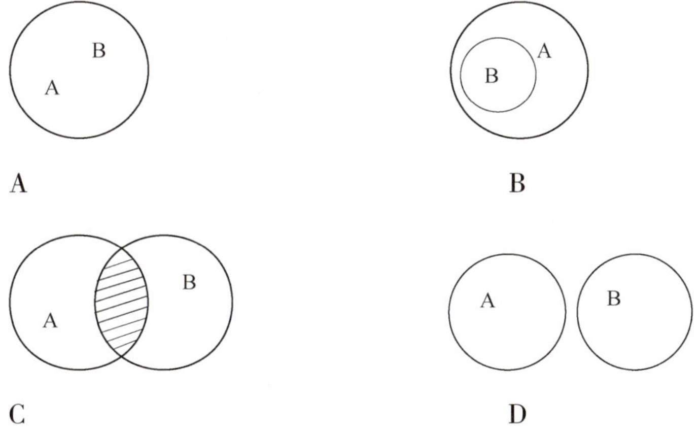

5. 下列关于文本结构的判断，不恰当的一项是（ ）。

A. 该文本的总体结构是“总—分—总”

B. 该文本遵循了“凤头、猪肚、豹尾”的基本结构原则

C. 该文本论述部分三个自然段顺序不可打乱

D. 该文本末段开头“因此”一词，表明该段与上文是顺承关系

题二

匠人与大师到底有何区别？

匠人在重复，大师在创造。一个匠人，比如木匠，他总在重复做着一种式样的家具，高下之分只在他的熟练程度和技术精度。比如一般木匠每天做一把椅子，好木匠一天做三把、五把。但就算一天做到100把也还是一个木匠。大师则绝不重复，他设计了一种家具，下一个肯定又是一个新样子。判断他的高下的标题是有没有突破和创新。匠人总在想怎么把手里的玩意儿做得更多、更快、更绝；大师则早就不稀罕这玩意，而在不断构思新东西。

匠人在实践层面，大师在理论层面。匠人从事具体操作，经验丰富，但还没从经验上升到理论。虽然这些经验体现和验证了规律，但还不是规律本身。大师则站在理论层面，依规律运作。面对一片瓜地，匠人一个一个去摘瓜，大师只提起一根瓜藤。匠人常自恃一技，偶有一得，守之为本；大师视鲜花掌声为过眼烟云，进取不竭，心犹难宁。

匠人较单一，大师善综合。我们常说一技之长，一招鲜，吃遍天，这是指匠人；大师则不靠这，他触类旁通，举一反三。因为凡创新、创造，都是在引进、吸收、对比、杂交、重构等大综合之后才出现的。一个画家，当他成为绘画大师时，他艺术生命中起关键作用的早已不是绘画，而是音乐、文学、科学、政治、哲学等。

这就是大师与匠人的区别。研究这个区别毫无贬损匠人之意，大师是辉煌的里程碑，匠人是可贵的铺路石。世界是五光十色的，需要大师也需要匠人，正如需要将军也需要士兵。但是我们必须承认这个世界需要人们有一个较高的追求目标。鲁班最初也是一名普通木匠，

当他在技术层面已经纯熟，不满足于斧锯的重复，而进军建筑设计、构造原理时，就成了建筑大师。虽然从匠人而成为大师的总是少数，然而这种进取精神是人类进步、社会发展的动力。

我们可能在实际业绩上达不到大师水平，但至少在思想方法上要循大师的思路。对事物要有识别、有目标、有追求。力虽不逮，心向往之。在个人有了这样一种心理，就会有所上进；在民族有了这样一个素质，就会生机勃勃；在社会有了这样一个氛围，就是一个创新的社会。

——梁衡《匠人与大师》（有删节）

1. 通读文本，按要求在表格内填写相关内容。

作者思路	文本结构	关键信息
提出问题	开头：点题	
观点阐述一	分述：切题	
观点阐述二	分述：切题递进	
观点阐述三	分述：切题递进	
问题的本质	总述：承上转折	
结论与建议	结尾：写作意图	

2. 统观全文，匠人与大师之间的关系和下列图形中的哪两种最为契合？请根据文意进行说明。

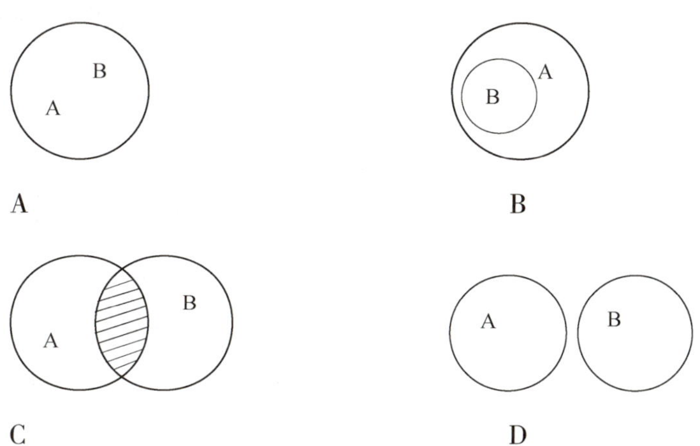

3. 下列对作者表达意图的判断，正确的一项是（　　）。

A. 从“喜创造、懂理论、善综合”三个方面赞美大师

B. 大师是里程碑，匠人是铺路石；两者都为社会所必需

C. 匠人只要有进取之心，就能成为鲁班那样的大师

D. 大师的思想方法值得遵循——力虽不逮，心向往之

4. 根据文中作者用鲁班例举的用意，给配图鲁班雕像拟一个主题词。

____

____

____

题三

汉字的起源，因仓颉（jié）造字的传说而披上了一层神秘的面纱。随着考古的大量发现，这层面纱被逐渐揭开。

大约在距今6 000年的半坡遗址等仰韶文化遗址的陶器外壁，已经出现刻画符号，共达五十多种。它们整齐规划，并有一定规律性，具备简单文字的特征，可能是我国文字的萌芽。

在距今约四五千年的大汶口文化遗址晚期和良渚文化遗址的陶器上，发现有更整齐规则的图形刻画，是早期的图形文字。

20世纪80年代初，在河南登封夏文化（距今约4 000多年，我国第一个王朝夏朝初期）遗址发掘出的陶器上，发现了更完备的文字。这是被学者们确认的迄今为止我国有确切时代的最早的文字。

商周时期，通用的文字是甲骨文。这是一种成熟而系统的文字，为后世的汉字发展奠定了基础。之后流行的青铜铭文（金文）虽有字数的增加，但形体并无大的变化。

春秋以后，由于诸侯割据，“文字异形”。秦统一后，为巩固统治，始皇帝令丞相李斯、中车府令赵高、太史令胡毋（wú）敬等整理文字，以原秦国字为基础制定出小篆，作为标准字体，通令全国使用。稍后，程邈又依当时民间流行的字体，整理出更简便的字体——隶书，并作为日用文字在全国广为流传。

曹魏时，钟繇（yáo）创立真书（楷书）。至此汉字的演化已臻完善。不仅如此，自东汉末年起，汉字的书写已成一种专门的艺术，即书法。

——选自徐汉平《汉字的由来》

1. 围绕表达主旨，依据文章内容，用文中原文填写下表。

汉字形态	年代	特点

2. 用线条等符号或表格，将下列词语的关系表示出来。

甲骨文　金文　小篆　隶书　楷书　书法

3. 为什么作者说迄今发现的最早的刻画符号，只“可能”是我国文字的萌芽？

4. 该文的主旨是什么？作者是如何表达主旨的？在语序安排上有怎样显著的特点？

5. 结合上文阅读下列语段，理解错误的一项是（　　）。

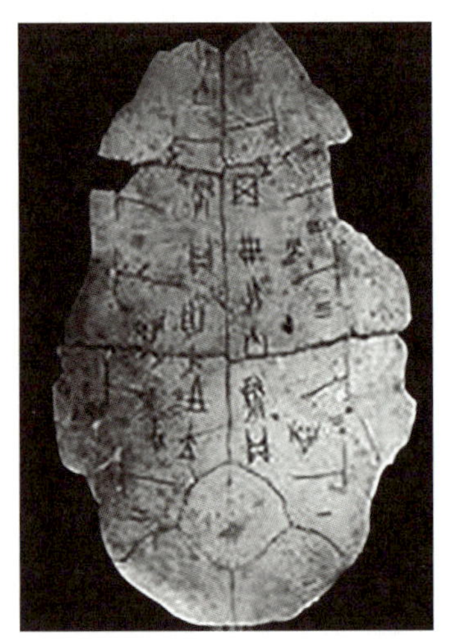

甲骨文又称契文、龟甲文或龟甲兽骨文，是一种非常重要的古汉字资料。在已被发掘出的总共10余万片有字甲骨中，含有4 000多不同的文字图形，其中已经识别的有2 500多字。从殷商（商朝在盘庚时迁都到殷地——今河南安阳，故称殷商）的甲骨文看来，当时的汉字已经发展成为能够完整记载汉语的文字体系了。其中既有大量指事字、象形字、会意字，也有很多形声字。这些文字和我们如今使用的文字，在外形上有巨大的区别，但是从构字方法来看，二者基本上是一致的。

A. 该段文字完全可以放在“商周时期，通用的文字是甲骨文”之后，因为其后世的文字形态均由此演变而来

B. 从广义“书法”角度看，甲骨文也是一种艺术表现形式

C. 甲骨文上承原始刻画符号，下启青铜铭文，是汉字发展史上的关键形态

D. 秦朝的法定文字——小篆，就是在甲骨文基础上，经过李斯等人的加工、整理而成的

题四

“庞氏骗局”源自一个名叫查尔斯·庞兹（Charles Ponzi，1882—1949）的意大利人。1903年，他移民到美国，干过各种工作，包括油漆工，一心想发大财。他曾因伪造罪在加拿大坐过牢，在美国亚特兰大因走私人口而蹲过监狱。经过美国式发财梦十几年的熏陶，庞兹发现了能快速赚钱的方法——金融。于是，从1919年起，庞兹隐瞒了自己的历史来到了波士顿，设计了一个投资计划，向美国大众兜售。

这个投资计划说起来很简单，就是投资一种东西，然后获得高额回报。但是，庞兹故意把这个计划弄得非常复杂，让普通人根本搞不清楚。1919年，第一次世界大战刚刚结束，世界经济体系一片混乱，庞兹利用了这种混乱。他宣称，购买欧洲的某种邮政票据，再卖给美国，便可以赚钱。国家之间由于政策、汇率等因素，很多经济行为普通人一般确实不容易搞清楚。其实，只要懂一点金融知识的人都会指出，这种方式根本不可能赚钱。然而，庞兹一方面在金融方面故弄玄虚，另一方面则设置了巨大的诱饵——所有的投资，在90天之内都可以获得40%的回报。而且他还给人们“眼见为实”的证据：最初的一批“投资者”的确在规定时间内拿到了庞兹所承诺的回报。于是，后面的“投资者”大量跟进。

在一年左右的时间里，差不多有4万名波士顿市民，变成庞兹赚钱计划的投资者，而且大部分是怀抱发财梦想的穷人，庞兹共收到约1 500万美元的小额投资，平均每人“投资”几百美元。当时的庞兹被一些愚昧的美国人称为与哥伦布、马可尼（无线电发明者之一）齐名的最伟大的三个意大利人之一，因为他像哥伦布发现新大陆一样“发现了钱”。庞兹住上了有20个房间的别墅，买了100多套昂贵的西装，并配上专门的皮鞋，拥有数十根镶金的拐杖，还给他的妻子购买了无数昂贵的首饰，连他的烟斗都镶嵌着钻石。当某个金融专家揭露庞兹的投资骗术时，庞兹还在报纸上发表文章反驳金融专家，说金融专家什么都不懂。

1920 年 8 月，庞兹破产了。他所收到的钱，按照他的许诺，可以购买几亿张欧洲邮政票据，事实上，他只买过两张。此后，“庞兹骗局”成为一个专门名词，意思是指用后来的“投资者”的钱，给前面的“投资者”以回报。

庞兹被美国法院判处 5 年刑期。出狱后，他又干了几件类似的勾当，因而蹲了更长时间的监狱。1934 年，他被遣返意大利，他又想办法去骗墨索里尼（意大利法西斯独裁者，二战元凶之一），也没能得逞。1949 年，庞兹在巴西的一个慈善堂去世。死去时，这个“庞氏骗局”的发明者身无分文。

——百度词条“庞氏骗局”（“科普中国”百科科学词条编写与应用工作项目审核）

1. 根据文意，用短语简要勾画出“庞氏骗局”的套路。

2. 庞兹从暴富到破产，前后只有一年多时间，从其精心设计的骗局看，导致其破产最直接的原因是（　　）。

A. 未将投资者的钱真正投资于欧洲邮政票据

B. 挪用投资者的钱，用于自己的奢靡享乐

C. 被金融专家识破并揭露，美国民众从追捧转为抵制

D. 后续投资者的钱，不足以回报前期投资者，资金链断裂

3. 用下列中国谚语形容庞兹的一生，不恰当的一项是（　　）。

A. 多行不义必自毙

B. 浪子回头金不换

C. 善有善报，恶有恶报

D. 种瓜得瓜，种豆得豆

4. 根据文意，结合下面的材料，给文中庞兹的照片拟定一个主题词。（不超过 10 个字）

自庞兹以后，各种各样的“庞氏骗局”在世界各地层出不穷。随着我国的改革开放，改头换面的“庞氏骗局”也进入中国。20 世纪 80 年代，我国南方地区曾经出现一种“老鼠会”，就是“庞氏骗局”的翻版。而令人熟知的“庞氏骗局”改进版，就是各种各样的传销。一些非法集资案，大多也都是“庞氏骗局”的再现。

学以致用

2019 年 1 月 18 日，华为公司在心声社区发布创始人任正非签发的电子邮件。内容显示，任正非欲对华为的人力资源战略重心进行调整。下面是这份邮件的节选。认真阅读，完成后面的任务。

什么是“资源”？就是优秀的员工，以及合理的作战队形。

微软总裁萨提亚对员工提的三个问题很科学，值得我们学习。“我如何利用公司已有成果提升个人或团队的工作效率？你自己做了什么？你帮助别人或团队做了什么？”我认为可以作为考评改进的参考标准。

1. 关于招聘调配

第一，现在招聘管理最重要的是提高面试水平，要向西方公司学习。每个应聘者可以先用半个小时讲讲自己的学术报告，而且要经过五轮面试。每个人都有不同的优点，我们不能简单拿个标准筛子去评价。面试后当场决定结果，包括薪酬，他不接受，还可以协商，听应聘者的申辩。

第二，随着业务规模增长，适当的人力增长是允许的，也不要过于僵化。比如，对于优秀留学生，可以拿出特招指标来专门审批；对于优秀外包员工，今年可以适当给予指标，录用一部分（3 000 名）；对于高端人才招聘，不受指标限制。我与北俄罗斯科学院院长会面时，他带来了一位很厉害的激光科学家，两个月以后，美国航天航空局不仅把她挖走了，而且办完了所有手续，这就是美国对人才的获取政策。目前华为公司的人才获取政策还比较落后，我们要积极改进。

2. 关于人员流动

第一，人员合理流动是必需的。我们要允许自由流动，人流动起来，才能发挥他的个人特性和特长，也容易让人保持激活状态。在流动过程中，可以找到他能最大限度发挥作用的岗位，可能就会在那里留下来努力奋斗。

第二，我们也要坚持实事求是，有些地区不要过分强调流动，可以原地提升职级和待遇。比如西藏的“将军”是不适合上“航母”的，他的职业通道就在那个地方，不适合横向比对。所以，为什么不在西藏实行高职级制度呢？当然，他也可以转到德国学习一两年，不参加考核，能力提升后回来，这样几个人就能守住一个西藏。西藏地方很大、站点很少，减少了总编制，总成本还降低了。

3. 关于职级管理

第一，我们对个人职级的管理还是要严格严肃。我们应该对历史的功臣给予肯定，不要轻易抹杀他们的贡献与努力。但是员工也不能以功臣自居，然后“藏”在某个职级当“南郭先生”，为什么不可以回家去看书呢？学好了再回来应聘，二进宫嘛。我们要不断去测评优秀员工的绩效以及持续贡献的能力，快速使用他。

第二，员工的薪酬回报并不完全与他担任岗位的职级对应。比如 13 级的员工干得好，他当年工资加奖金的总回报可能拿到 21 级的水平。若他不光年度绩效结果好，还学习提升快，持续的提升自己的管理能力，那么他可能就会有承担更重要责任的机会，走“将军”之路；这样他的工资高了，奖金可以少一些。若他暂不具备进一步担当重任的能力，那么他也已经获得了原岗位上的优厚奖金了。

4. 关于领袖

第一，明确“先有鸡，后有蛋”这个政策。每个新业务要立项，首先要找到合适的业务领袖，一把手是最重要的。因为领袖是天然产生的，不容易找得到。对于一把手，关键看带领业务成功的潜力，资历、年龄不是最重要的选拔因素。

第二，在收购外部技术公司时，公司已明确要求：千万不能辞退创始人。将来把这二三十个人组合起来，加入柏拉图研究院，这些人虽然技术不一定很精，但是创新思维很厉害，能抓住时代的脉搏，与他们“喝咖啡”，就会产生思想冲撞。

我们要对未来经济形势有正确判断，掌握命脉，不要带有盲目性。所有工作都要对准“多产粮食”和“增加土地肥力”。

我们可要养活 18 万员工，每年的工资、薪酬、股票分红超过 300 亿美金。如果没有产生这么多粮食，如何拿钱来分？

任务 1：以“华为人力资源战略重心调整”为主题，从文本中提取、概括相关信息填入下表，每条不超过 15 个字。

人才引进		改进考评
人才使用		
人才目标		

任务 2：在个人完成上表的基础上，在小组内交流讨论，形成小组成果，向全班发布，接受他组同学的质疑和评价；同时，就他组成果进行质疑和评价；最后，在老师的引导下，达成共识。

任务 3：根据文本，同时可借助智能手机的搜索功能，上网查阅华为及其创始人任正非的相关信息，为文中的配图拟写一个主题词，向全班发布。在老师主持下，投票选出最佳主题词 3~5 个；再修改，形成能获取三分之二以上同学认可的最终作品。这个过程中，主题词原创者可以阐述自己的构思理由，反驳或赞成、补充同学的修改意见。

自我测试

题一

指导企业深化工资分配制度改革，建立基于岗位价值、能力素质、业绩贡献的工资分配机制，强化工资收入分配的技能价值激励导向。鼓励企业在工资结构中设置体现技术技能价值的工资单元，或对关键技术岗位、关键工序和紧缺急需的技术工人实行协议工资、项目工资、年薪制等分配形式，提高技术工人工资待遇。鼓励企业建立针对技术工人的补助性津贴制度，提高技术工人津贴水平。

——选自中共中央办公厅 国务院办公厅《关于提高技术工人待遇的意见》

1. 根据文意，最能体现文件作者所强调的重点的一项是（　　）。

A. 能力素质　　B. 业绩贡献　　C. 技能价值　　D. 关键岗位

2. 根据文意，就技术工人工资分配制度改革事项，该语段中文件大力倡导的一种方法是什么？为什么？

题二

和金刚石一样，石墨是碳元素的一种存在形式。不同的是，由于原子结构不同，金刚石是地球上最坚硬的东西，石墨则是最软的矿物之一，常做成石墨棒和铅笔芯。

石墨烯就是从石墨材料中剥离出来的，只由一层碳原子在平面上构成。可以说，石墨烯的特点之一就是薄，堪称目前世界上最薄的材料，只有一个原子那么厚，约 0.3 纳米，是一张 A4 纸厚度的十万分之一，头发丝的五十万分之一。

同时，它又能导电，电子在石墨烯中的运动速度达 1 000 千米 / 秒，是光速的 1/300。目前世界上最薄最轻最强的全新材料石墨烯，硬度比最强的钢铁还要强 100 倍。

石墨烯的出现，有望给我们的生活带来惊喜。手机充电可以“秒充”，手机屏幕可以轻易弯曲甚至折叠，汽车轮胎可以避免摩擦起电发生爆燃……从航空航天、电子信息到节能环保，利用石墨烯的特性，很多领域很可能发生巨大的变化。

——选自余建斌、李晓辉、吴杰《石墨烯，有惊喜》

1. 根据文意，用线条等符号，将下列词语之间的关系表示出来。

金刚石　石墨　碳元素　石墨棒　铅笔芯　石墨烯　石墨材料

2. “利用石墨烯的特性，很多领域很可能发生巨大的变化”中“很可能”能否用“一定能”替代？为什么？

3. 根据文意，给语段中的配图拟一个主题。（不超过 10 个字）

题三

1982 年，一位美国教授在其校园 BBS（网络论坛）上建议用字符“:—)”来表示笑脸，这个由 ASCII（美国标准信息交换代码）元素组成的笑脸大大激发了人们的想象力，此后各种各样的表情符号被源源不断地创造出来，因此它被称为“改变历史的一张笑脸”。“颜文字”是它的升级版，其显著特点是用键盘符、标点或者两者的结合体

模拟出人的面部表情和某种身体姿态，用来方便快捷地表达和传递情绪。以QQ表情中的基础默认表情“小黄脸”为代表的表情符号，被称作“绘文字”，“龇牙”“偷笑”“大哭”等惟妙惟肖的符号，简洁而又形象，极大丰富了聊天时的选择和乐趣。以90后、00后为代表的年轻群体成为网络主力军后，一些真人表情在网络上竞相出彩，动画表情的传播也如火如荼，标志着网络表情符号进入了“自定义”创作发展阶段。

——选自胡远珍《网络社交中表情符号的表达与象征意义分析》

1. 从语段中找出能够说明网络表情符号发展阶段的关键词。

2. 从语段中找出最能表现网络表情符号特点的关键词（不超过3个）。

3. 根据文意，给语段中的配图拟一个主题。（不超过10个字）

题四

在一切有关古巴的事情中，有一个人常常从我的记忆中冒出来，让我难以忘怀。

美西战争爆发时，美国总统必须立即与古巴的起义军首领加西亚取得联系。加西亚在古巴广阔的山脉里——没有人确切地知道他在哪里，也没有任何邮件或电报能够送到他手上，而美国总统麦金莱又必须尽快地得到他的合作。

怎么办呢？有人对总统说："如果有人能够找到加西亚的话，那么这个人就是罗文。"

于是，总统把罗文找来，交给他一封送给加西亚的信。至于那个名叫罗文的人，如何拿了信，用油纸袋包装好、打封，放在胸口藏好；如何经过四天的水路到达古巴，再经过三个星期，徒步穿过这个危险的岛国，终于把那封信送给加西亚——这些细节都不是我想说的。我要强调的重点是：美国总统把一封写给加西亚的信交给罗文，而罗文接过信之后，并没有问："他在什么地方？"

像罗文这样的人，我们应该为他塑造铜像，放在所有的大学里，以表彰他的精神。年轻人所需要的不仅仅是从书本上学习来的知识，也不仅仅是他人的种种教诲，而是要塑就一种精神，对上级的托付，立即采取行动，全心全意去完成任务——把信送给加西亚。

（注：文中照片，中间为罗文，右边为加西亚；美西战争发生于1898年，战争中美国支持古巴脱离西班牙的殖民统治）

——选自 [美] 阿尔伯特·哈伯德《把信送给加西亚》

1. 阅读文本，用能概括要点的词句简单勾画出作者的思路。

2. 根据作者"要强调的重点"，为文中的配图拟写一个主题词。（不超过 10 个字）

课外活动

活动名称：文本解读与信息传递

活动主题：从关键词到主题

活动目标：能够获得从关键信息提取到文本主旨提炼的应用体验。

活动时间：单次 45 分钟（可连续多次，或作为常规学习活动之一）

活动准备：

1. 到图书馆或应用网络，搜索 1 ~ 3 篇自己认为有价值的、字数在 800 字左右的议论文或说明文；对选出的文章，可以根据活动需要作适当的编辑加工。

2. 在教师的组织下，按自愿组合原则成立学习小组，每个学习小组 3 ~ 5 人，选出组长。

3. 可以选择在电脑机房使用电脑，也可以在普通教室使用智能手机；每个小组组员将自己选出的文章电子版发送给同组其他成员。

4. 在组长召集、主持下，各学习小组就各自提供的文章，经讨论达成共识，确定其中 1 篇，发送给教师。

5. 教师针对收到的文章，每篇拟定能反映主旨的关键词 1 ~ 3 个，同时就文章内容要点和作者写作意图拟定问题 1 ~ 2 个。

活动步骤：

步骤 1：以学习小组（3 人）为单位，接受教师发送的文章 1 篇（非本组所选文章。如是，需向教师提出更换请求）。

步骤 2：每个成员分别认真阅读教师发送的文章，并将其缩写到 300 字左右，并署名。

步骤 3：成员间以接力形式继续缩写已被缩写的文章，直到将文章缩写到 150 字左右。

步骤 4：学习小组就缩写后的 3 篇稿件进行讨论，选出本组最好的 1 篇。（注意：其间不得对选出的稿子进行修改，更不得在 3 篇稿子的基础上进行综合修改）

步骤 5：教师就事先设定的关键词和问题，向学习小组提问，各学习小组只能就本组选定的缩写稿进行回答（可以由组长回答，也可以按照分工分别作答）。教师根据既定的评分规则（以自制“评价表”方式体现）给出小组成绩，并简述理由。

步骤 6：由组长主持各小组就教师给出的小组成绩，在其内部依据成员贡献的大小进行二次分配。其间，教师不主动干预，但可以应学生请求给予一定的方法指导。

活动小结：缩写一篇文章，删除什么，保留什么，不能随心所欲。要在整体感知的基础上，依据文章主要内容，找出关键信息，理清各关键信息之间的关系，进而推导出作者要表达的核心思想，也就是文章的主题。这样，当下一位同学继续缩写时，才不会偏离方向——或补充之前遗漏的信息，或修正留下的问题。当这篇经过另两位同学之手的缩写稿再次回到第一位同学面前时，学生会对“从关键词到主题”产生新的感情。而之所以将小组成绩的二次分配权放给同学，就是要大家在相互交流中对组长分配的理由准确理解，对自己的诉求准确阐述，这既是对“理解与表达”的实际应用，也是对日常语用经验的有效积累。

第二课　解释与合理推论

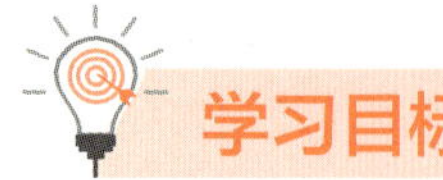

学习目标

1. 能够基于逻辑常识、联想思维及相关知识背景，对文本关键信息在语境中的深层含义进行分析说明。

2. 能够借助文本关键信息及其逻辑关系，合理推导文本作者的言外之意、表达意图及其立场、观点或情感。

3. 能够将“阅读—思考—理解”的结果转化为规范的文字，进行准确而简洁的表达。

翻转课堂

小学时，我们做过各种各样的造句、写话练习。形式上，这是老师布置的语文作业；本质上，却是我们用语言表达自己对世界的认识体验。我们来看看网络上流传的几个例子：

——题目：用“难过”一词造句。小朋友这样写：我家门前的水沟很难过。

——题目：按例句用“先……再……”造句。例句：先吃饭，再洗澡。小朋友这样写：先生，再见。

——题目：写一篇日记。小朋友这样写：2 月 30 日，星期一，晴。今天一天都没有出太阳，真不好。爸爸买回两条金鱼，养在水缸淹死一条，我很伤心。

是不是很幽默？所以，有人将诸如此类的文字编辑成图文并茂的幽默小品，娱乐大众。然而，老师却乐不起来：“你家门前的水沟很难过，我的心里很难过。”“你毕业那天，我们说再见，好吗？”日记作者的老师则写下了这样的评语："我也很伤心，我活了这么大，2 月还从来没有遇上过一个 30 号呢！也从来没有见过不出太阳的晴天，更没见过会淹死的金鱼。"

"我们家门前的水沟很难过。"这个句子表达的意思并不错，只是其中的"难过"是两个词，而造句所用的"难过"是一个词。小同学没有弄清两者的区别，就出现了这样的"幽默"。

"先生，再见。"这个句子本身没错，只是没有按照题目，或者说没有按照老师的要求写，自然就错了。至于那篇日记，典型的违反常识，写出来的话自然让老师非常伤心。

列举上面的例子，是想从答题的角度说明一个问题，就是要准确解读他人所传递的信息，否则就会答非所问或似是而非。小学生之所以出现这样那样的错误，大体有两个原因：一是对词语或者说对语言本身学习掌握得不到位，二是缺乏相应的以语言为载体的知识。那我们现在和将来是否会出现诸如此类的错误或偏差呢？答案是肯定的。只是和小学生比，我们解读的对象更加复杂些，需要掌握的知识更多些罢了。

现在，我们来做几道测试题，不限时间，只是在答题前要透彻地弄清题目的意思，有效地运用已有的知识背景和思维规则，从而让答案符合题意，同时也符合客观事理。

1. 解释"硬核"在下列句子中所表达的意思。

①这是一个硬核技术。

②这是一个硬核老头。

2. 仿照示例填空。

示例：罄竹难书（书法）无法无天

填空：作奸犯科（　　）教学相长

3. 下列图片中两条线段看上去一样长吗？请解释原因。

4. 城市需要交通警察，是因为城市交通需要 ________。

5. 一个故意杀人者，如果不用承担任何法律责任，原因只能是他的行为 ______________。

6. 苏和约茜喜欢网球，而萨莉和安妮喜欢跑步；苏和安妮都喜欢游泳。谁既喜欢网球也喜欢游泳？

7. 田忌赛马是中国历史上有名的揭示如何善用自己的长处去对付对手的短处，从而在竞技中获胜的故事。但这个故事中的结局，需要有 1 个既定的前提。这个既定的前提是什么？孙膑的这个计策能否在故事既定的场景中多次使用？

8. 将下列句子按逻辑顺序重新排列。

①自汉代以后，历代官修史书，都要撰写书目，反映藏书情况。

②宋元以后版刻书籍盛行，私人藏书家也多了起来，许多藏书家把自己的藏书编成书目，流传于世。

③清代编出规模宏大的书目《四库全书总目提要》和《四库全书简明目录》。

④书目在我国有悠久的历史，远在西汉时期就出现了正式的完整的书目。

⑤这种私人藏书书目数量很多，是对官修史志目录的补充。

9. 根据下面的语段，写出一个能反映孔子教育策略的成语。

子路问："听到了一个很好的主张，就马上行动吗？"孔子说："有父兄在，怎么能听到就行动呢？"冉有问："听到了一个很好的主张，就马上行动吗？"孔子说："听到了就行动。"公西华说："两个人的问题一样，您的回答却相反，这是为什么？"孔子说："冉有做事畏缩不前，所以鼓励他；子路做事好勇过人，所以让他收敛。"

10. 根据下列材料，回答后面的问题。

2015 年 4 月 14 日早晨，一封辞职信引发热评，辞职的理由仅有 10 个字："世界那么大，我想去看看。"经采访得知，当事人作为 2004 年 7 月入职河南省实验中学的一名女教师，已经任职 11 年之久。如此任性的辞职信，领导最后还真批准了。2016 年 5 月 31 日，教育部、国家语委在京发布《中国语言生活状况报告（2016）》。"世界那么大，我想去看看"入选 2015 年度十大网络用语。

"世界那么大，我想去看看"为何能成为网络流行语？每个人是否都能付诸自己的行动，为什么？

这个测试的目的不是想考倒大家，而是提醒我们在思考作答的时候，要有效地运用联想思维来调动相关的知识储备，有效地基于逻辑关系来进行合理的解释与推导。这就是本课的宗旨所在。

知识与方法

我们都是有一定知识积累和思考能力的人。这决定了我们在对某个文本进行深度阅读而尚未进入文本时，头脑不会对之一片空白。面对一个文本，一方面是作者所表达的内容、思想、情感——这应该是清晰的、客观的，且有着特定的边界；另一方面是我们阅读时自觉或不自觉地运用自己的知识、经验和思维方式对之进行解读。

我们对文本解读的过程，其实就是一个与作者对话的过程。通过对话，可以达到两个目的：一是彻底弄明白作者究竟说了什么，为什么要这样说；二是自己是否认同作者所说，理由是什么。前者是基础性对话，是我们理解能力的体现；后者是批判性对话，是我们发现问题、分析问题，进而解决问题等辩证思维能力的体现。

本课所学的解释与合理推论，就是在第一课学习的基础上，就一些表达较为特别的文本，进行深度解读的基本方法。

解释，就是分析说明。最常见的就是词语解释了。比如《现代汉语词典》就对近 7 万个词语进行了解释。这种解释，是语言学家对每个词语在社会使用中的各种情形所进行的客观描述。语言学家在这种描述中，不能也不会额外添加自己的想法或经验；否则，词典就会失去客观性以及由此产生的公认性。同样，我们在理解某个特定文本的过程中，就其中的一个词语、一个句子或者一个句群的解释，也不能额外添加自己的想法或经验，否则就会误解甚至曲解作者的用意。

因此，文本理解中的解释，就是对文本中的相关信息，特别是关键信息，在整体阅读理解的基础上，客观地说明其在语境中的确切含义，包括若干信息之间的关系，以及对主旨的作用，等等。这种解释的客观性完全依赖于我们整体考量的品质，而这种品质的养成需要我们具有较强的逻辑意识、联想能力和丰富的知识积累。例如：

人生就是两件事：一是该做的；二是想做的。摆对顺序成就一生，摆错顺序一事无成。

从字面上看，理解这个句子似乎没有难度。但如果让 10 个人来说，可能会有 10 种不同的说法，而且大家说得似乎都有道理——如果我们对文本的理解都是这样，那文本对信息的传递就会失真，这既不是作者所希望的，也不是严肃的读者所要得到的。一个文本所传递的信息可以引发质疑甚至辩论，但大家对信息本身的客观性应该有基本的共识，否则，任何质疑、讨论甚至辩论都没有意义。

所以，就上述句子而言，我们必须首先理解文本所要表达的信息，然后才是自己独特的思考。

遵循阅读理解的一般规律，上述句子有三个关键词，即“该做的”“想做的”“顺序”。

语境中，“该做的”是指一个人在正常的社会生活中必须要做的事情，不管你是否愿意去做；“想做的”是指发自内心希望去做的事情，哪怕眼下甚至将来都无法做或做不成。

当然，在“该做的”事情当中会有想做的，在“想做的”事情当中也有目前或未来该做的。从逻辑上说，这两个词是“你中有我，我中有你”的交叉关系。既然如此，为什么要讲“顺序”呢？因为从社会学的角度分析，“该做的”事情带有一定的他律性——如果不做，或者做不好，就会受到外界的干预甚至惩罚；“想做的”事情带有更强的自律性——如果不做，或者做不好，自己心里就会不痛快甚至很痛苦。如果在较短的时间内只能做一件事，你会选择“该做的”还是“想做的”？这就是“顺序”。

表面看，“顺序”只是一个时间先后的问题，但本质上却是一个对排序标准的选择和认同问题。社会学原理告诉我们，人如果离开社会，不要说成就自己，就连生存也会发生困难。因此，这个排序的标准必须是社会的。

根据上述对关键词的解释，我们就不难推导出作者说这句话的基本意图：一个人在生命的各个阶段必须先做“该做的”事情，不管是为了生存，为了职责，还是为了满足内心的愿望。

对此，你怎么看？认同还是反对，抑或有其他看法？这时，我们可以依据各自的知识背景、生活经验、人生态度与价值观各抒己见，但都需要从“原点”出发，自圆其说，以理服人。

这个例子告诉我们，要对文本中的关键信息作出合理的解释，需要联想，就是将需要解释的信息和相关知识、原理联系起来。如果联想到的内容比较多，则需要用逻辑常识来进行甄别。我们必须牢记一点，文本中的所有信息都联系着人世间的相关事物，而事物之间总是相互关联的，只要不是人为强加或故意曲解，这种关联就一定符合逻辑。解释信息如此，合理推论更是如此。

合理推论，就是从已知信息得出未知信息的思维过程。反映在文本理解中，就是从已经明确的意思得出作者未直接写明又必须为读者所确知的意思。例如：

某著名湿地公园的入口处矗立着一个广告牌，上书：除了脚印，什么都不要留下；除了记忆，什么都不要带走。

单从字面理解，这个广告语的意思非常简单明了。但如果仅仅局限于此，就非常狭隘了。结合知识背景，可以推导出作者拟定这条标语的意图是让游客“遵守景区规定，保护生态环境”。比如不乱扔垃圾，不采摘植物，不戏耍野生动物，等等。景区如果将这些要求直接写出，一方面是字数太多，不便于行进中的游客阅读；另一方面是措辞生硬，不符合游客的心理感受。而这样的文本提示，能让游客自我领悟景区管理者的良苦用心。

文本理解中的合理推论，一般包括三种情况：

第一，在理解语句表层意思的基础上，推断其深层意思，也就是其在语境中的隐含意义。这要求我们在理解时，要建立话语（文本）字面意义与表达者意图之间的联系。比如上面湿地公园广告牌中的“脚印”“记忆”等关键信息。再如下面这个例子：

要论中国人，必须不被搽在表面的自欺欺人的脂粉所诓骗，却看看他的筋骨和脊梁。自信力的有无，状元宰相的文章是不足为据的，要自己去看地底下。

这是鲁迅在“九一八”事变三周年之际所写《中国失掉自信力了吗？》中的最后一段，回答了题目中所提也是当时世人所提的问题。从字面看，面对日本的入侵、统治者的自欺，鲁迅希望读者不要相信当时很多“大家”“权威”的判断，而“要自己去看地底下”。那么，“地底下”是什么呢？该文前面有一段话：“我们从古以来，就有埋头苦干的人，有拼命硬干的人，有为民请命的人，有舍身求法的人……这就是中国的脊梁。”由此推知，“地底下”指的是以大禹、岳飞、海瑞、谭嗣同等为代表的历史英雄人物。这才是中国真正的自信力所在，而中国也从来就不曾失掉自信力——通过对“地底下”深层含义的理解，进而也就把握了文本的主旨。

第二，推断语句本身未直接阐述而又必须理解的言外之意。这要求我们在理解时，必须结合已有知识，依据文本内外信息的逻辑关系，推导出隐含的结果。比如上述湿地公园广告牌的例子。

第三，推断语句隐含的作者态度、观点、主旨或表达的核心意图。这要求我们在理解时，需要充分了解语境所涉及的各种信息、包括表达的背景、表达的具体情境，以及表达的整体内容，等等。例如上述湿地公园广告牌的例子，再如：

作为一个拥有五千年不间断文明史的古国，我国拥有丰富的非物质文化遗产。这些活态的文化不仅构成了中华民族深厚的文化底蕴，也承载着中华民族文化渊源的基因。但随着我国现代化建设的加速，文化标准化以及环境条件的变化，尚有不计其数的文化遗产正处于濒危状态，它们犹如一个个影子，随时都可能消亡。

作者说这段话的意图是什么呢？

整个语段三句话也是三个判断。其中第一句和第二句，作者其实是从两个层面讲了一个问题，就是我国的非物质文化遗产丰富且是中华民族文化的基因；第三句则承上讲了一个亟须重视的现实，就是这些“非遗”中的许多受制于各种因素“随时都可能消亡”。

“非遗”“底蕴”“基因”“濒危”。通过这几个关键词在文中的自然排序，我们就不难推导出作者写这段话的真实意图：现阶段，我国许多“非遗”受到诸多因素的严重威胁正处于“濒危状态”，亟须加强保护。这个推导是否正确？我们只要反问一下，如果不是为了呼吁立即加强对“非遗”的保护力度，作者为何要说这个呢！

解释和合理推论很多时候是密不可分的。只是前者侧重于文本局部的关键信息，主要表现为“转译”；而后者侧重于文本隐含的主旨、意图，主要表现为联想、推理。解释的目的是为了通过局部的准确理解帮助整体理解；合理推论的目的，是为了通过局部信息的逻辑联系，更为准确把握作者的真实意图，更加透彻地理解作者的立场、观点或情感。所以，解释和合理推论，必须避免下列禁忌：

一是望文生义，牵强附会。比如，有一篇《请发挥“数学”的魅力》的文章这样写：“你们知道农药666名称的来历吗？它是科技工作者经过665次的失败而取得的，如果科技工作者在665次失败后而停止攻关，就不会有666的诞生。”其实，农药666名称的由来是因为其分子式$C_6H_6Cl_6$中有碳、氢、氯原子各6个。作者写作的时候不深究其义，造成错误；而我们读的时候，如果对文中的一些词语也望文生义，同样会牵强附会，造成误读或曲解。

二是断章取义，歪曲原意。比如，李密的《陈情表》中有这样一段话：“今臣亡国贱俘，至微至陋，过蒙拔擢，宠命优渥，岂敢盘桓，有所希冀。”（现在我是一个低贱的亡国俘虏，十分卑微浅陋，受到过分提拔，恩宠优厚，怎敢犹豫不决而有非分的企求呢？）李密是个孤儿，从小被祖母照料长大，长大后举孝廉，皇帝邀其做官，但他老迈的祖母需要照顾，于是就给皇帝写了这封婉拒的信。但如果我们只看上面这段截取出来的信息（虽然这确实是李密所说），会不会觉得李密是个为了仕途而弃祖母于不顾的不孝之徒呢？这可就着实冤枉了这位“皇天后土，实所共鉴”的大孝子。而断章取义的害处，右边这幅图片所展示的可谓是触目惊心。

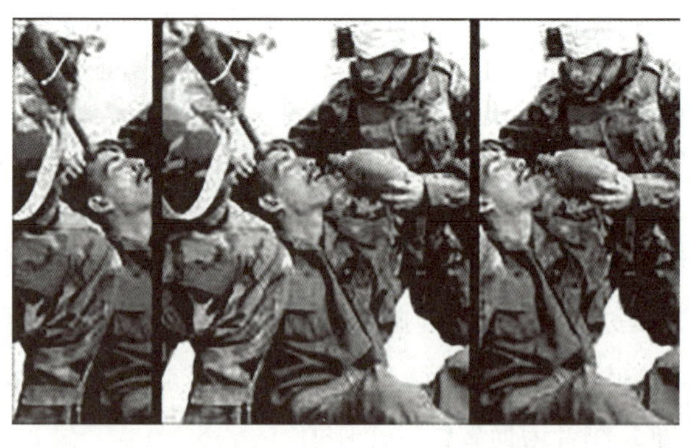

三是以偏概全，扭曲整体。比如，今晚散步去药店给姐姐准备点纱布、胶带，巧在老板也在。寒暄过后，老板就问：“你们今年是不是涨工资了？”我回答：“没有啊，我们都是阳光工资，没涨也没跌。”他接着又问：“那你们单位的合同工、临时工是不是涨了？”我回应道：“我们都没涨，他们就更不可能涨了。他们一年都有规定不超过多少多少的。”老板不相信：“怎么会，那天那个派出所窗口服务的那个 ×× 到我店里买东西，她都说涨了。”难怪这个老板接二连三问这个问题，原来是想印证派出所警员关于公务员涨工资的一句话。我只能如实告知他公检法系统和一般行政系统部门不同，工资相对也会有不同。（作者：曼呼吸；来源：《简书》）

四是不当推理，不合事理。比如，有一篇网络建议书范文中这样写：“三年前，星光职高开始在语数外三门课中使用电脑进行互动式教学，辍学率当年就降至 1.5%，次年更是降至 0；期末考试也取得了很好的成绩。建议区教育局在下个年度预算中，划拨更多的资金用以购买教学电脑，并将该教学方法在全区所有学校推广。”将电脑互动式教学与辍学率、考试成绩强行构成因果关系，并作为一个规律性结论建议推广，不合逻辑且不合事理。作者认知肤浅，不当推理，如果区教育局受理该建议，必定浪费时间、精力和宝贵的办学经费。

示例

一个人在哭声中来到这个世界，在他人的泪水中离开。这个过程就是幸福。一位哲学家如是说。（根据原野作品《人生》改编）

上述语境中，哲学家所说“幸福”的内涵是什么，并没有现成的答案，需要我们自己去理解。而要解决这个问题，我们必须先找出句中和“幸福”关联度最高的词，这就是“过程”。

这个“过程”是什么？需要我们进行理解性解释。如果你解释的结果是“生活的经历”等等，那就不对了。在“知识与方法”里，我们说过“解释”就“是基于作者的立场，就文本中的关键信息，在整体考量的基础上，客观地说明其在语境中的确切含义，包括若干信息之间的关系，以及对主旨的作用等”。因此，要解释“过程”这个词，就必须看前面“一个人在哭声中来到这个世界，在他人的泪水中离开”所包含的信息。从中我们可以直接捕捉到“来到”和“离开”两个关键词，进而推论出“过程”其实就是指“人的一生”。但我们不能据此就推论出，哲学家所说的“幸福”就是指“人的一生”。因为每个人都有“一生”，却不意味着每个人都“幸福”——这是一个生活常识。那么，怎样的“人生”才是“幸福”的呢？

“一个人在哭声中来到这个世界”，几乎是一个没有例外的基本常识，是人的自然属性；这个时候，我们就需要从“在他人的泪水中离开”中寻找我们所需要的信息了。一个人“离开”世界时，“他人”为什么会为其伤心难过？对此，我们能够作出合理的解释吗？

我们首先从挚爱的亲人离世时自己的内心感受出发，进行思考，就不难得出一个初步判断：这个亲人生前一定对你非常好，为你做了许多你所需要的事。由此，再进一步推论，如果一个和你非亲非故的人，同样对你非常好，同样为你做了许多你所需要的事，那么在他离世的时候，你是否也同样感到伤心难过？

哲学家是研究宇宙和人类社会基本发展规律的一类学者。从这点出发，哲学家在这里所说的“他人”，显然已经超越了上述普通人对这个词的理解，准确地说，是指很多人，乃至全社会。一个人的离世，能够让很多人甚至全社会的人都为之伤心难过。为什么呢？因为这个人生前一定为很多人甚至全社会做了很多有益的事。由此，我们就不难推论出语境中“幸福”的内涵：一个人用自己的一生为他人、为社会、为国家，乃至为全人类做了很多好事或是有价值的事，从而赢得了世人的尊敬和留意。简括地说，幸福就是用一生“奉献”。当然，我们推论出的结果不一定非要用“奉献”这个词来表达，只要意思相近就可以了。

训练一　联想与对话

训练提示

1. 联想是指从一个已知的事物出发，与其他事物建立起某种合理联系的思维方式。举个例子：怎样在“粉笔”和“航天飞机”之间建立起合理联系？对，用联想——由粉笔想到教师，由教师想到科学知识和专门技能，由科学知识和专门技能想到科学家、技术工人，最后由科学家为代表的专门人才想到航天飞机。这个例子同时告诉我们一个关于联想的法则，那就是：联想是在一定的封闭空间内，基于现实概念或原理的线性思维，如同一条线，将相关事物串联起来，决不能天马行空，更不能虚拟杜撰。在本课，联想的起点是文本中的关键信息，而联想的空间是文本内容及其所涉及的人、事、物以及事理。

2. 文本阅读中，联想的目的是将自己已有的知识、思想、情感和作者联系起来，以求更好地把握文本的深意、主旨。这其实是与作者对话的一种方式。当我们在文本中遇到一些被作者有意隐藏起来的信息时，就需要从作者的立场、思想、情感出发，用联想来挖掘，而这种挖掘出来的东西是否符合作者的本意，还需放到文本中验证。

3. 文本阅读中的联想方式，主要有四种：一是接近联想，比如遇到一个过去的老师，会想到他上的课或对你的一次教育；二是相似联想，比如在电视里看到老鹰俯冲猎食的画面，会想到电影中飞机俯冲轰炸军舰的画面；三是对比联想，比如由严寒而想到酷暑；四是因果联想，比如看到雏鸡而想到鸡蛋。这些联想方式，可以单独应用，也可以混合应用。但在应用时，都必须遵循联想法则。

4. 读文章，特别是文学作品时，我们都会产生一定的甚至是强烈的心理感受，比如喜欢或不喜欢、认同或不认同，等等。这种心理感受和自己的知识背景、思想情感密不可分，往往是一种直觉。但这种直觉对不对？是不是作者所要的表达效果？这个时候，就需要我们和作者对话。对话，不是和作者面对面交流，而是就自己不甚理解乃至有疑义的信息提出问题，然后从文本中寻求答案；或者依照文本的逻辑思路给出自己的意见，看能否自圆其说并符合整体文意。单凭自己的直觉甚至“放纵”自己的直觉，非常容易误解甚至曲解作者的本意。比如下面这个郢书燕说的故事，虽然效果是好的，但绝不是我们阅读理解的正确方法。因为中国历史上大量的文字狱绝大多数是统治者有意无意地曲解文人所写文章中片言只语的结果。

有个郢（楚国首都）人给燕国宰相写信，是在夜晚写的，灯火不够亮，于是对拿蜡烛的人说：“举烛（把蜡烛举高点）。”说了便下意识地将“举烛”写到了信上。举烛并不是书信的本意。燕国宰相得到书信后感到高兴，说：“举烛的意思是崇尚光明；崇尚光明的意思就是举荐贤能并任用他们。”燕国宰相将这个意思告诉国王，国王非常高兴，国家得到很好的治理。

5. 和作者对话，最重要的是换位思考。就是说，当我们读到某处不甚理解，或需要深度理解的时候，可以将自己想象成作者，按照文本的逻辑思路反问自己，这里究竟想表达什么。例如下面这首苏叔阳所做的小诗：

你的命运就是陪伴乌云，
注定了要一生经受风雨。
你撑开整个身躯，
为他人创造一片干净天地，
却湿透了，你自己。

诗中的“你”究竟是谁？如何理解诗中的这个“你”？我们不妨将自己设想成作者，从诗中“一生经受风雨”“撑开整个身躯”“湿透了”等信息可以推知：这个“你”应该是“雨伞”——这正是这首诗的题目。雨伞甘于“为他人创造一片干净天地”，显然是一个不辞辛劳、乐于奉献的“你”。

6. 深度阅读需要将联想与对话有机结合。一般情况下，作者总是想把自己的思想情感写清楚、说明白，唯恐读者理解困难或出现理解偏差，但出于阅读理解特有的“疾病”现象，“误读”仍然难以避免，这就需要我们不管是对一个词、一句话，还是对一个自然段，要多问几个为什么，从而自觉运用联想思维以补充理解所需的相关信息，尽量使自己对文本的直觉理性化，从而准确获得作者所要传递的信息。例如下面这个语段：

工业革命以后，化石燃料（煤炭、石油、天然气）的燃烧量越来越大，使大气中二氧化碳的浓度不断增加。同时，雷击、虫害、砍伐造成的森林火灾、草地衰退和森林破坏也使得能够吸收二氧化碳的绿色植物遭到破坏。所以，要控制全球变暖，必须改变能源结构，大力植树造林。有科学家指出，只有以核燃料代替化石燃料，才能从根本上防止温室效应的加剧。

如果我们问：上述语段的核心内容是什么？作者如此写作的目的是什么？要得到正确答案，就需要我们根据文意有效联想。这就是，人类生存离不开氧气，而氧气最大的制造者是能进行光合作用的绿色植物。由此我们可推导出该语段的核心内容：人类需要控制全球变暖。而作者在语段中表达的意图是：人类需要通过“改变能源结构、大力植树造林”来达到控制全球变暖的目的。这两个结论都可以从语段中找到论据支撑，因为语段第三句开头“所以”这个关联词锁定了该句和前面两句的逻辑关系——因果关系。而第四句只是列举科学家解决此问题诸多建议中的一种，不是作者表达的重点，更不是写作意图。

题一

（幕启）

（边境附近一间木屋里，一个山里人正在炉边烤火。一阵敲门声，流亡者进屋了）

流亡者：不管您是谁，请可怜可怜一个被追捕的人吧！他们在悬赏捉拿我呢！

山里人：悬赏多少？

（流亡者马上离去）

（幕落）

——[法]特里斯坦·勃纳德《流亡者》

1. 这是法国剧作家特里斯坦·勃纳德 1932 年写的一个微剧本。通过两个人物、两句台词，包括人物活动的场所、背景及矛盾冲突，将戏剧元素表现得非常到位，并能激发起读者充分的联想，但这种联想又无法脱离作者思路所设置的空间和主题。请再次阅读，说说你读后联想到了哪些问题，并试着作出回答。

2. 作者借这个微型剧本究竟想表达什么？请简述理由。

题二

我因车祸而失明，所以我从不知女友长什么样。那年，她得了胃癌，临终前她将眼角膜移植给了我。我恢复光明后的第一件事就是找她的照片，然而我只找到她留给我的一封信，信里有一张空白照片，照片上写有一句话："别再想我长什么样，下一个你爱上的人，就是我的模样。"

1. 这是新浪微博"中国首届微小说大赛"中的一篇获奖作品，作者信天云。由作品发布平台（微博）不超过 140 字的篇幅限制，可以推知作品的第一稿可能比现在长得多，修改过程中，作者压缩掉了很多信息，这反而使作品更精粹，更令人遐思冥想。请根据小说中已述信息，结合你的阅读感受进行合理联想，写出几条你认为是被压缩掉的必要信息。

2. 找出文中最能体现作品主旨的一句话，并从作者的角度对其作简要的解释。

题三

笛卡尔（解析几何之父）出生于法国，一生穷困潦倒。1596 年欧洲大陆暴发黑死病，他流浪至瑞典首都斯德哥尔摩，常常蹲在街头墙角默默在纸上推理演算。那一年，他 52 岁。

一天，18 岁的瑞典公主克里斯蒂娜不经意地注意到了这个穿着破烂却在埋头写着一串又一串数字的流浪汉。一直对数学痴迷执着的美丽公主，忍不住好奇，于是就有了下面的这段对话：

“你从哪来的呀？”

“法国。”

“你是干什么的？”

“数学家。”

“你正在做什么？”

“研究一个新领域——直角坐标系。”

公主请求国王将其聘为自己的数学老师。然而，朝夕相处下如藤蔓般缠绕的数学思维让彼此心生爱慕。国王震怒，下令处死笛卡尔；但在公主苦苦哀求、以死相逼下，笛卡尔被驱逐回法国。

回国后的笛卡尔不久便染上黑死病。他不断给公主写信，均无所踪，最终将对克里斯蒂娜的爱恋埋葬在死亡的时间尽头。

这是笛卡尔发出的第 13 封信，上面没有一个字。被软禁的公主展开一看，笑靥含泪，信里只有一个短短的公式：$\rho=a$（$1-\sin\theta$）。很快，公主就破译了这来自一位天才数学家的爱情密码，这就是著名的“心形线”。据说，这封情书至今还保存在笛卡尔纪念馆里。

——选自流澈《笛卡尔 VS 百岁山》

1. 根据文意，将 $\rho=a$（$1-\sin\theta$）“转译”成文字。

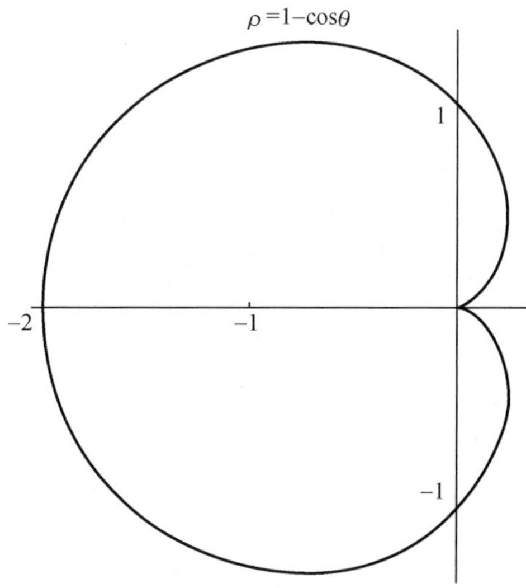

2. 笛卡尔和公主的爱情故事，传奇，凄美，让人动容。下面是一些网友的评论。根据文意，你赞成其中的（　　）。

A. 数学是抽象的，数学家是无趣的，笛卡尔只是个传说

B. 才子佳人的故事固然美好，但终究不会拥有童话般的结局

C. 一个公式，无限情思；共同志趣，点燃生命

D. 忘年恋，是人世间最高贵的艺术

3. 公主为什么能收到笛卡尔的第 13 封信？请作简要分析。

4. 根据文意，为文中配图拟写一个主题词。

题四

人类体能的极限在哪里？近百年来，人们总是希望通过田径运动来不断挖掘它，因为这项运动属于体能主导的快速力量性运动。

从生物学角度来看，人体运动能力受身体形态、生理机能和运动素质制约，必然是有极限的。但是，很多大赛纪录不断被打破，特别是“飞人”大战，男子 100 米跑的世界纪录在 7 年中就 5 次被刷新，2008 年北京奥运会，牙买加职业运动员博尔特在“鸟巢”更是跑出了令人惊叹的 9.69 秒，2009 年柏林世锦赛上，他又将这个纪录刷新为 9.58 秒。

那么，100 米世界纪录就可以无限刷新了？德国运动极限领域专家约翰·安马尔将 1 056 名男子选

手和 1 024 名女子选手的最好成绩输入计算机后，预测男子 100 米世界纪录可能永远无法达到 9.20 秒。而 20 世纪 70 年代，美国生物机械学博士吉迪恩·阿里尔就从人体工程学角度预言，超过某个临界点就可能导致运动员骨头断裂和关节组织脱离，这个临界点是 9.64 秒。然而，法国的佩龙内特博士通过计算机得出结论：到 2040 年，人类 100 米可以达到 9.49 秒。英国的安德鲁博士也作了一个统计学分析，他预测 2156 年男子 100 米能达到 8.098 秒，而女子 100 米将超过男子，达到 8.079 秒。当然，这些都只是预测。每个世界纪录诞生之初都有人觉得极限近在咫尺。那么，人类体能的极限究竟在哪里？

不可否认，在竞赛规则不变的情况下，每个项目都应该有一个极限成绩，而成绩取决于两方面：运动员自身的竞技能力以及场地、器材、气候和人文环境等。毋庸置疑，现代科技的发展对提高运动成绩起了重要的作用，例如撑竿跳高。布勃卡使用先进的玻璃纤维竿创下的 6.14 米的世界纪录就比金属竿时期的纪录提高了 1.32 米。但是科技因素在提高成绩方面所起的作用只是锦上添花，运动员的竞技能力才是核心动力。例如男子 100 米世界纪录最近几年多次被牙买加选手刷新，就反映出牙买加黑人运动员在短跑方面所具有的独特天赋。这种生物学因素往往是科技力量难以左右的。极好的身体素质，卓越的运动才能，加上科学的训练方法和不断更新的器材设备，很难精确预测未来的纪录能达到多少。事实上，极限在哪里并不重要，重要的是人类追求极限的过程。

——佚名《人类体能的极限》（有删节）

1. 根据文意，下列分析或推断正确的一项是（　　）。

A. 人类体能的极限，就是科学研究得出的“临界点”，和运动员在比赛中获得的成绩没有逻辑关系

B. 对 100 米速跑极限的科学预测，有多种说法，其中一种说法已经被博尔特的记录所打破，因此这种预测没有意义

C. 每个标志着人类力量极限的世界纪录的诞生，都是当时的运动科技装备在比赛中应用的结果

D. 从杰西·欧文斯到博尔特，时间跨度超过了 70 年，而百米速

度只是提高了 0.44 秒，可见 9.58 秒起码代表了当下人类百米运动的一个极限

2. 根据文意，简要说明作者对人类体能极限的看法。

3. 对下列文中的“预测”，你是否认同？为什么？

英国的安德鲁也作了一个统计学分析，他预测 2156 年男子 100 米能达到 8.098 秒，而女子 100 米将超过男子，达到 8.079 秒。

4. 文中配图为 100 米世界纪录创造者博尔特冲刺后的瞬间。请结合文意为此配图拟写一个主题语。（不超过 15 个字）

训练二　因果关系与逻辑推理

训练提示

1. 我们读到的无论是什么，都是作者对客观世界的描述和认识，这种描述和认识又都是逻辑思维的结果。作为信息的接受者，我们自然要懂得一些最基本的逻辑关系，这样才能更好地理解和判断信息，从而让阅读成为我们学习、工作和生活中的智慧来源。

2. 因果关系是客观世界中普遍存在的一种逻辑关系，它可能是“一因一果”，可能是“一因多果”，也可能是“多因一果”，或者“多因多果”。换句话说，某种现象或结果的出现必定有其原因——一个原因，或两个原因，或多个原因。在这些原因中，有直接原因、间接原因，主要原因、次要原因，必然原因、偶然原因，等等。

例如：我们用导线将开关、电池、灯泡连接起来，构成一个最简单也是最基本的电路。合上开关，电路接通，灯泡就亮，这就是一个基本的因果逻辑关系。但灯泡没亮，可能是开关没有合上，可能是电池没电，可能是灯泡坏了，也可能是线路连接出现了问题，或是其中两个甚至三个方面都有问题。究竟是什么原因？需要对可能的原因进行排查。有人依据“排除最不可能的，从最有可能的地方入手”的原则排查，有人依据这个电路的组成顺序逐一检查……这个过程的思维方式，我们叫作逻辑推理。显然，逻辑推理能力强的人，找到原因的速度最快；反之就慢，有的甚至可能无法发现原因。这对“灯泡没亮”解决方案的影响是至关重要的。

例如：19 世纪英国一个政客发现，每个勤劳而富足的农民，家里都至少拥有两头牛；那些贫穷而懒惰的农民，家里都没有牛。于是他提出了一个改革方案：让国家给家里没有牛的贫穷农民送两头牛。他的理由是，这些农民有了牛，自然就会去耕种；这样，整个国家就没有好吃懒做的人了，也就不会有穷人了。

这个政客的改革方案显然是不可行的，原因就在于他没有弄清牛和勤劳、富足之间的因果关系，至少没有理清“农民因勤劳而拥有耕牛，进而生活富足”这个最起码的因果关系，由此作出的逻辑推理自然就无法从根本上解决社会实际问题。

3. 常识告诉我们，我们的思维都是以语言为工具的，表现在书面表达上，就是文字所传递的逻辑思路。通过对这种逻辑思路的探究理解，我们不但可以更好地推导出作者的表达意图，还能有效地提升我们自己的逻辑推理能力。例如鲁迅先生 1925 年 7 月 8 日所写的一篇题目为“立论”的短文：

我梦见自己正在小学校的讲堂上预备作文，向老师请教立论的方法。

“难！”老师从眼镜圈外斜射出眼光来，看着我，说。“我告诉你一件事——

“一家人家生了一个男孩，合家高兴透顶了。满月的时候，抱出来给客人看，——大概自然是想得一点好兆头。

“一个说：‘这孩子将来要发财的。’他于是得到一番感谢。

“一个说：‘这孩子将来是要死的。’他于是得到一顿大家合力的痛打。

“说要死的必然，说富贵的许谎。但说谎的得好报，说必然的遭打。你……”

“我愿意既不说谎，也不遭打。那么，老师，我得怎么说呢？”

“那么，你得说：‘啊呀！这孩子呵！您瞧！那么……。阿唷！哈哈！Hehe！ he，he he he he！’”

这段文字中，语境是“满月酒”——一个喜庆的日子，客人说些恭维的话是人之常情，人们不会去追究这话的真假；但说了主人忌讳也是违背人情的话——哪怕是真话乃至真理，就会招来痛恨。面对这种现实，如果你不想刻意恭维甚至说违心的假话，从文本最后一句得知，最好的办法就是“打哈哈”。对此，鲁迅是认同还是反对呢？从文中开头“向老师请教立论的方法”，到语境中两种“立论”的结果，再到最后老师给出的“立论方法”，可以推断出鲁迅对这种明哲保身、不分是非的“打哈哈”式的立论是反对的。

题一

18世纪哲学家休谟说：“理智乃情感之奴。”也就是说，人其实是情感的动物。然而，法国著名人类学家列维·斯特劳斯用他的研究成果提醒世人：原始部落里看起来古怪甚至荒诞不经的仪式，背后其实都是有逻辑的。这位大师的见解，相当程度上改变了学界和世人对原始部落的认知。

既然原始部落那些古怪的仪式可以用新的方法得到解释，那么，人的情感是不是也可以用新的眼光得到新的、不同的解读呢？

我们先从简单的例子说起，如果人真的是情感的动物，那么一旦受到所处环境的刺激，就应不加控制地将情感表达出来。可是，被师长责备时，有多少人会回嘴或怒目以对？对于上司或面试的主考官，有多少人会直接宣泄心中不满的情绪？可见，人并非简单的情感动物。人的情感表达和运用其实有规律可循。用经济学的话来说，就是对成本和效益的考量：对师长、上司、主考官等宣泄不满，成本高而效益低，做了不划算，因此不值得这么做。

比较复杂的一种情况是：很多人把气往家人身上出，对朋友却格外客气有礼，这又是为什么呢？这种现象看起来奇怪，其实一点就明，还是对成本效益的考量：家人被得罪，总还是家人；可朋友被得罪，可能就不再是朋友，甚至会变成敌人。因此，得罪朋友成本高而效益低；得罪家人则不然。万物之灵的人，自然会去彼取此。

可是，另一种情况也屡见不鲜：得罪朋友时，不大会有罪恶感；做了对不起家人的事，负罪感往往很重。这同样不难解释：传统社会里，家庭要发挥生产、消费、储蓄、保险等功能，家人一起面对自然和社会的考验，一起度过天灾人祸。所以，只有家人伦理关系紧密，才能同舟共济。然而，这不是有点矛盾吗？可以得罪家人，却不愿得罪朋友；可是对不起家人时会觉得歉疚神伤——这种矛盾正反映了人调控情绪的细微处。朋友是一时的，家人是永久的。因此，小的利害上可以以朋友为重，但从长远考量，当然还是要呵护家人的权益。

由此可见，对于情感的表达和运用，人们还是有意无意地受到成本效益的影响。人不是情感的动物，而是成本效益的动物！不是情感奴役理智，反而是理智在驾驭情感！

原始社会里的仪式举措，有其背后的逻辑；同样，人类的喜怒哀乐、爱恨情仇等情感，也有隐藏其下的逻辑。

——熊秉元《喜怒哀乐的经济学逻辑》（有删改）

1. 根据文意，解读下这些名言古训所蕴含的经济学逻辑。

吃亏是福。——郑板桥

忍一时，风平浪静；退一步，海阔天空。——《增广贤文》

2. 根据文意，结合“人类的喜怒哀乐、爱恨情仇等情感，也有隐藏其下的逻辑”这个判断，用线条将下列词语的逻辑关系表示出来。

情感　理智　朋友　家人　得罪　愧疚　高成本　低成本

敌友转换　人伦关系　同舟共济　一时利益　长远权益　呵护

3. “只有……才能……”一般情况下表示要实现某一个目的或目标，就不能缺少必须具备的一个条件，尽管可能同时需要多个条件。请参照文中“只有家人伦理关系紧密，才能同舟共济”一句，用“只有……才能……”造一个句子。

题二

温水煮青蛙的“真理”，在现象上的一般表述是：把一只青蛙放进沸水中，它会立刻全力挣扎跳出。而把青蛙放进冷水中慢慢加温时，情况就变了，从冷水到沸水，尽管没有什么障碍限制青蛙跳出，但青蛙会习惯乃至麻木于这种环境微变直到被煮熟。

与此现象配套的“科学解释”（即“真理”）为：青蛙内部感应生存威胁的器官，只能感应出环境中激烈的变化，而对缓慢、渐进的变化，则几乎没有作用。

这个其实不过就是“生于忧患，死于安乐”主旨的故事，通常被经济学家用以告诫企业领导宴安鸩毒的危害和防微杜渐的重要。由于其颇为符合侦探小说“意料之外、情理之中”的要诀，很能吸引人的眼球，于是很快风靡一时直至家喻户晓。但这是真事吗？所谓的“科

学解释”真的在“情理之中”吗？一般人尤其经济学家只是敏感于此表述的新奇和生动，却忘了用心思考这么非同寻常的事是故事呢，还是真事。

我第一次听说“温水煮青蛙”时，也当然觉得真是有意思，且深为能发现此现象并将此类比到社会生活领域的经济学家所折服。但转念一想，以我和那么多动物打过交道的经验（有时还是“残酷”的实验），作为两栖类变温动物的青蛙，对水温的敏感必为人不能及，似乎不可能在主要生存技能方面如此缺乏。再说了，如果让我和青蛙换位思考，这水温渐变起的作用难道比毒品麻痹还大？即便水温上升再慢，总有一个致痛温度。届时，本能也会驱使我垂死挣扎，断不会听凭那水被我改造为肉汤。

有此疑惑，便真的找来若干青蛙煮之。我以为，水温上升愈慢，越接近于此现象发生的理想状态，因此釜底抽薪、扬汤止沸甚至冷水勾兑等办法全部用上，每小时升温不到 10 ℃——几乎看不见冒热气。刚开始，青蛙的确慵懒于水面假寐。但水温超过 30 ℃以后，青蛙“醒”了，开始了蛙泳，且动作幅度越来越大。水温超过 40 ℃以后，锅内的水体开始泛波，青蛙在反复“助游”之后终于起跳。尽管被我一再“镇压”，但还是奋不顾身抓住我的防守空当出锅了。我不甘心，换只青蛙再试，结果是一定的：当水温超过 40 ℃时（青蛙的一生一般遇不到这样的温暖水体），青蛙必定一跃而起，根本不管这个说法多么生动、合理，也根本不顾及那么多 VIP 的面子——有多少经济学家传授过这个说法啊！

真是遗憾，青蛙死活不愿成全经济学家，而“温水煮青蛙”还是所有我听说过的经济学家讲述的动物故事中听上去最真的。其他的，根本毋须我费心尽力作实验，故事中的创作痕迹昭然若揭。

——选自苏扬《经济学家和真正的动物世界》

1. 作者用实验的方法证明“温水煮青蛙”的“科学解释”其实只是一个虚构的故事，这表明推定因果关系最重要的方法是（　　）。

A. 凭借个人直觉进行推测

B. 运用科学常识和专业经验质疑、推理并实验

C. 质疑三人成虎的合理性

D. 基于专家学者也会犯错这个前提

2. “温水煮青蛙”的故事流传甚广的直接原因是（　　）。

A. 最初的“创作者”不了解青蛙习性，又没有考证

B. 率先出自经济学家的使用和传播

C. 比“生于忧患，死于安乐”更加新奇、生动

D. 大众缺乏关于动物习性的常识，对其“科学性”很难质疑

3. “千丈之堤，以蝼蚁之穴溃”出自《韩非子》，其蕴含的道理和“温水煮青蛙”是否一致？当年韩非子是否作过相关的实验来验证其说法的真实性？为什么？

4. 根据你拥有的知识，或上网搜索相关资料，在下列文中横线处填入相应的词句。

某著名文摘杂志上登载了一则故事：谁钉住了壁虎的尾巴？故事是说日本某户人家，拆木板墙时，发现有一只壁虎被外面钉进来的钉子钉在尾巴上，而那钉子是10年前钉的。动不了的壁虎为什么能活呢？原来另一只壁虎在不停地衔取食物喂它。用壁虎来教育________，太感人了，也更加发人深省。可是，稍微有点动物学常识的人就会想到：______________________________？何况，壁虎本就是以应急________著称的！

5. 根据文意，给文中配图拟写一个主题词。（不超过15个字）

题三

正解与误读是阅读阐释中经常碰到的是非之争，两者难解难分，又必解必分。阅读的正解往往是在不断克服误读的过程中获得的。

关于误读，阅读学界存在着真误读和假误读之辨。

中外一些学者认为，误读永远是一个客观的存在，是一种规律性现象。美国耶鲁大学哈罗德·布鲁姆教授在20世纪70年代曾连续发表四部著作，系统论述了“诗的误读”：“一首新诗总是后辈诗人对前辈诗人及其伟大作品释读的结果。这是一种特殊的释读，它不在于对某一具体作品的释读实际发生与否，它实际上是指一种接受影响与打破影响，继承与创新的悖谬状态。”我国清代纪昀说：“郢书燕说，固未为无益。”现代钱钟书说：“作家原作叙事抒情本无彼意，然读者却在阅读中出现创造性的误解，悟出确有引人入胜的彼意，并为更多的读者所认可。”三家所说的“特殊性释读”“合理性误读”“创造性误读”显然是指读者释义对作者原意的超越或对传统释读的突破。由此，对“误读”引出“反误”和“正误”两种分法：“反误”指读者自觉不自觉地对文本穿凿附会，随意歪曲，既不合作者的原意，也不切作品的本意，那是真误读；“正误”指读者的理解和作者原意相抵牾，但切合作品的实际，使文本意义增值，这是假误读。我们认为，把不同于作者原意的多元阐释归入“误解”的范畴是不妥的，正就是正，误就是误，不必对误解分正反，不存在“正确的误解”。将“合理性误读”和“创造性误读”作为“假误读”的修辞来运用，未尝不可，但把“正误”作为阅读学的概念和常规就不够科学了。超越作者，超越文本的“增解”“异解”和“批解”是典型的“个性化理解”，不宜说成“正误”，而应说成“正解”“精解”或“圣解”。在文章和文学的个性化阅读中，必须严格区分错误解读和正确解读。真正的误读、曲解、歪批、胡吹算不得个性化阅读。本文所论的“误读”是与“正解”相反的真误读，不包含所谓“正误”的假误读。真误读，作为阅读病态大有研究其病理的必要。

文章阅读疾病与文章本体疾病、文章写作疾病有所不同，它与文学阅读疾病也有差异。文章阅读疾病，发生在阅读的认知、理解、欣赏、评价、表达、迁移各个环节，也出现在辨体、感言、人情、得意、运思及物等各个方面；若分类别，它既有阅读生理的、心理的、行为的疾病，又有阅读知识的、方法的、情志的疾病。不仅处于学习性阅读阶段的普通读者容易患各种各样的疾病，而且进入创造性阅读阶段的专家读者也难免犯自由化误读的毛病。文章阅读病理研究是专门探讨读者在阅读全过程中阅读心理和行为的病症及其医治的一门阅读分支学科，目的是求得学校阅读教学和社会读书活动的健康生存和科学发展。

——选自曹祥芹《文章阅读学》

1. 根据文意，用线条将下列词语之间的关系表示出来。

阅读阐释　正解　误读　反误　正误　真误读　假误读　个性化理解

2. 根据文意，解释“正解”在文中的含义，并简述理由。

3. 下列属于本文所说“阅读疾病”之一的是（　　）。

A. 特殊性释读

B. 合理性误读

C. 创造性误读

D. 自由化误读

4. 作者认为“文章阅读病理研究”应当成为一门专门的阅读分支学科，是因为（　　）。

A. 有学者认为，误读是客观存在的一种阅读规律

B. 对于误读，学术界一直存在各种争议

C. 文章阅读与文学阅读存在着本质的不同

D. 阅读教学与社会阅读活动不健康、不科学

5. “郢书燕说”这个典故出自《韩非子·外储说左上》。请根据该典故含义推导出 2 个相关成语，并以此为关键信息，写一段话。

题四

在中国棋林之中，影响最为深远者当数围棋和象棋。俗语云：棋局小世界，世界大棋局。作为典型的中国文化载体，二者以棋盘和棋子折射出中国传统社会的缩影。相通之处在于棋盘都是纵横规整，呈格状分布；棋子以颜色不同构成两方以对垒拼杀。但再加考察，则大有区别。

先说围棋。围棋棋子除按颜色区别为黑白二方之外，所有棋子在功能上无任何区别，性能相同，地位相等。其胜负的标志就是所占地盘之大小。而欲想占领地盘，就必须至少有两口各自独立的“气眼”。“气眼”就是自己的活动空间，对方不得侵入，象征着中国古代的城池。要想生存发展，就必须拥有根据地；而要有根据地，就必须有回旋的空间。这与我国传统农业社会的思维方式如出一辙：想要保有地盘，就要使地盘连成一片；要想地盘不失，就必须以所有城池作为依托。孤立棋子“人”单势薄，作用有限，极易被吃，但联合在一起则所向披靡，势不可挡。群体力量大于个体，占得空间则取得胜利，体现的是人类早期的追求目标和较为平等的价值观念。

象棋则不然。它将棋子分为将（帅）、士（仕）、象（相）、马、车、炮、兵（卒）七种。胜负只取决于将帅之存亡。只要将帅仍存，

全军覆没亦不为输；而将帅若遭不测（被将死），未失一子亦算失败。车可横冲直撞，所向披靡；马可腾越出击，纵横驰骋；炮可隔子发威，火力凶猛；士、象拱卫城池，以身护帅；兵、卒则一步一趋，只进不退。就本领与杀伤力而言，将帅属于最为无能之辈，不仅行动迟缓，杀伤力差，且不能越孤城半步，却要所有棋子拼死护卫。其余各子等级森严，贵贱分明。车乃棋中至宝，万不可轻弃。马、炮地位大抵相等，开局时炮似乎稍胜于马，而残局中则马胜于炮。最为惨烈者当数兵卒，数量众多，因而弃之不惜；本领有限，因而作用不彰；只许前进，不能后退，因而前景黯然，结局惨烈；拱到底则成“老卒”，几同无用。这是等级社会最为生动、最为集中的具体体现，是中国封建社会的典型缩影。

围棋早于象棋。《博物志》云：“尧造围棋，丹朱善棋。”虽不可信，但产生于严格的等级制度形成之前，应无异议。其各子平等，机遇相同的构思设计，就是中华先秦文化中“民本思想”的具体体现。而象棋各子之间与生俱来、无从更改身份差异和为保统帅而不惜耗尽生灵的僵化理念，是秦代以后专制制度的最佳诠释，加上“楚河、汉界”作为佐证，其生辰八字则大抵可定矣。

从游戏法则角度看，围棋是在用加法，开始时空无一人，好生寂寞，而随着双方落子，棋子越来越多，最终往往拥挤不堪，几无落脚之处；而象棋则用减法，开始时战阵严整，兵将齐全，而随着双方厮杀，棋子越来越少，到残局时诸子凋零殆尽，一片狼藉，最后往往仅剩孤家寡人，困守老城。真是两种感受，两种意境。

围棋和象棋反映出中国文化在不同角度、不同阶段逐渐形成的两种不同的思维方式和价值观念。围棋的存在表明中华文化体系中存在着民主的精神、平等的理念。考虑到中国古代的爱国情操一向以忠君行动来体现，象棋所表现出来的便可视为先人为保江山社稷而不惜一切代价的群体理念和视死如归、杀身成仁的牺牲精神。这两种精神和理念相辅相成，共同支撑着中华民族的精神大厦。

——邸永君《围棋、象棋与中国传统文化》（有删改）

1. 作者说，围棋“体现的是人类早期的追求目标和较为平等的价值观念”，象棋“是等级社会最为生动、最为集中的具体体现，是中国封建社会的典型缩影”。在文中，这两个判断是基于什么前提作出的？简要说明理由。

2. 根据文意，简要说明“棋局小世界，世界大棋局”的含义。

3. 根据文章最后一段，分别给文中配图各拟定一个主题语。

4. 作为当代正式的竞技体育项目，围棋与象棋具有哪些竞赛特点？其背后是否还存在文本所分析的那些古代社会文化形态和价值观念，为什么？

学以致用

南京彭宇案，是2006年末发生于江苏省南京市的一起引起社会极大争议的民事诉讼案。

2006年11月20日，南京老太太徐寿兰在公交车站摔倒，彭宇自称上前搀扶、联系其家人并送其至医院诊治，属见义勇为，并非肇事者。而老太太咬定彭宇将其撞倒并向其索赔。双方对簿公堂。2007年9月3日，南京鼓楼区人民法院一审判决彭宇给付老太太损失的40%；双方均提起上诉，二审法院最终以和解结案。

此案引起强烈的社会反响。类似案件在各地出现，更是引发了公众对跌倒老人是否可以搀扶的激烈讨论。其影响力导致10年后最高人民法院在其官方微博以《十年前彭宇案的真相是什么》为题，再谈彭宇案。

下面是南京鼓楼区法院一审判决书节选，请认真阅读判决文本，完成后面的任务。

南京市鼓楼区人民法院民事判决书（节选）

（2007）鼓民一初字第212号

原告：徐寿兰，女，汉族，1942年8月9日生。

被告：彭宇，男，汉族，1980年7月2日生。

本院认为，当事人的合法权益受法律保护。对于本案的基本事实，即2006年11月20日上午原告在本市水西门公交车站准备乘车过程中倒地受伤，原、被告并无争议。但对于原告是否为被告撞倒致伤，双方意见不一。根据双方诉辩观点，本院归纳本案的争议焦点为：一、原、被告是否相撞；二、原告损失的具体数额；三、被告应否承担原告的损失，对此分别评述如下：

一、原、被告是否相撞。

本院认定原告系与被告相撞后受伤，理由如下：

1. 根据日常生活经验分析，原告倒地的原因除了被他人的外力因素撞倒之外，还有绊倒或滑倒等自身原因情形，但双方在庭审中均未陈述存在原告绊倒或滑倒等事实，被告也未对此提供反证证明，故根据本案现有证据，应着重分析原告被撞倒之外力情形。人被外力撞倒后，一般首先会确定外力来源、辨认相撞之人，如果相撞之人逃逸，作为被撞倒之人的第一反应是呼救并请人帮忙阻止。本案事发地点在人员较多的公交车站，是公共场所，事发时间在视线较好的上午，事故发生的过程非常短促，故撞倒原告的人不可能轻易逃逸。根据被告自认，其是第一个下车之人，从常理分析，其与原告相撞的可能性较大。如果被告是见义勇为做好事，更符合实际的做法应是抓住撞倒原告的人，而不仅仅是好心相扶；如果被告是做好事，根据社会情理，在原告的家人到达后，其完全可以在言明事实经过并让原告的家人将原告送往医院，然后自行离开，但被告未作此等选择，其行为显然与情理相悖。

城中派出所对有关当事人进行讯问、调查，是处理治安纠纷的基本方法，其在本案中提交的有关证据能够相互印证并形成证据锁链，应予采信。被告虽对此持有异议，但并未提供相反的证据，对其抗辩本院不予采纳。根据城中派出所对原告的询问笔录、对被告讯问笔录的电子文档及其誊写材料等相关证据，被告当时并不否认与原告发生相撞，只不过被告认为是原告撞了被告。综合该证据内容并结合前述分析，可以认定原告是被撞倒后受伤，且系与被告相撞后受伤。

2. 被告申请的证人陈二春的当庭证言，……陈述其本人当时没有看到原告摔倒的过程，其看到的只是原告已经倒地后的情形，所以其不能证明原告当时倒地的具体原因，当然也就不能排除在该过程中原、被告相撞的可能性。

3. 从现有证据看，被告在本院庭审前及第一次庭审中均未提及其是见义勇为的情节，而是在二次庭审时方才陈述。如果真是见义勇为，在争议期间不可能不首先作为抗辩理由，陈述的时机不能令人信服。因此，对其自称是见义勇为的主张不予采信。

4. 被告在事发当天给付原告二百多元钱款且一直未要求原告返还。原、被告一致认可上述给付钱款的事实，但关于给付原因陈述不一：原告认为是先行垫付的赔偿款，被告认为是借款。根据日常生活经验，原、被告素不认识，一般不会贸然借款，即便如被告所称为借款，在有承担事故责任之虞时，也应请公交站台上无利害关系的其他人证明，或者向原告亲属说明情况后索取借条（或说明）等书面材料。但是被告在本案中并未存在上述情况，而且在原告家属陪同前往医院的情况下，由其借款给原告的可能性不大；而如果撞伤他人，则最符合情理的做法是先行垫付款项。被告证人证明原、被告双方到派出所处理本次事故，从该事实也可以推定出原告当时即以为是被被告撞倒而非被他人撞倒，在此情况下被告予以借款更不可能。综合以上事实及分析，可以认定该款并非借款，而应为赔偿款。

二、原告损失的范围和具体数额。

…………

综上，原告各项损失合计为 114 690.9 元。

三、被告应否承担原告损失。

根据前述分析，原告系在与被告相撞后受伤且产生了损失，原、被告对于该损失应否承担责任，应根据侵权法诸原则确定。

本案中，原告赶车到达前一辆公交车后门时和刚从该车第一个下车的被告瞬间相撞，发生事故。原告在乘车过程中无法预见将与被告相撞；同时，被告在下车过程中因为视野受到限制，无法准确判断车后门左右的情况，故对本次事故双方均不具有过错。因此，本案应根据公平责任合理分担损失。公平责任是指在当事人双方对损害均无过错，但是按照法律的规定又不能适用无过错责任的情况下，根据公平的观念，在考虑受害人的损害、双方当事人的财产状况及其他相关情况的基础上，判令加害人对受害人的财产损失予以补偿，由当事人合理地分担损失。根据本案案情，本院酌定被告补偿原告损失的 40% 较为适宜。

任务 1：严格按照上述判决文本信息，站在法官立场上，将法官所推定的事实在纸上以“示意图 + 简要说明”的方式还原推演。

任务 2：根据你对法官推论事实所据理由的理解，就原、被告是否相撞、如何相撞及相撞后的情形，推演另一种可能。并在老师主持下，将自己的推演在小组内讨论、完善后，向全班同学汇报。

任务 3：彭宇案之所以引发巨大社会争议，其重要原因之一在于判决文本显示，法官在缺乏直接证据的情况下，主要依据“日常生活经验”“常理”“社会情理”来推定事实，导致有些判断很难禁得起逻辑推敲。请从“理解与表达”这门课的角度，找出 2 处以上这样的问题进行分析，先将分析结果在小组内讨论，获得共识，再向全班发布，在老师主持下，就一些共性问题相互辩驳。这个过程中，自己的发言首先要符合逻辑常识，不能诡辩，更不能强辩。

任务 4：根据判决文本，结合自己的理解，为文前配图拟定一个主题词。在小组讨论中修改完善后，参加老师主持的最优主题词的票选。如果自己的作品入围，请上讲台简要阐述自己构思的过程和想要表达的主旨。

自我测试

题一

阅读下列语段，回答后面的问题。

两个人各有一个苹果，彼此交换，还是一个苹果；两个人各有一个思想，彼此交换，就各有两个思想。

——萧伯纳

1. 为什么都是“彼此交换”，结果却不一样？

2. 同样是“彼此交换”，萧伯纳此语倾向于哪个？

题二

阅读下列故事，回答后面的问题。

罗西尼是19世纪意大利著名作曲家。其歌剧《塞维利亚的理发师》，集意大利喜歌剧精华，是意大利喜歌剧代表作。就是这位喜歌剧大师罗西尼，性格也如其作品一样富有喜剧意味。一日，他受邀听某青年作曲家的作品。演奏过程中间罗西尼频频摘帽。青年作曲家很奇怪，就问他是不是房间很热。罗西尼回答说：“不，我有见到熟人就脱帽致意的习惯。”青年作曲家一时没有理解，说：“我就请了您一位，没邀请别人啊。”罗西尼笑而不语。

——选自佚名《罗西尼遗风》（有改动）

1. 面对青年作曲家的话，罗西尼为何笑而不语？

2. 罗西尼的话有言外之意。这个言外之意是什么？

3. 从这个故事中，还能推论出哪些重要信息？

题三

参照下列示例，运用联想，进行合理推论，再写出3条以上有意义的句子来。

示例：一双鞋，少了一只，是不值钱的。所以，另一半很重要。

题四

阅读下列语段，回答后面的问题。

如何长时间高效学习，我觉得应该分成两部分：长时间 + 高效。

客观上讲，长时间是比较容易的，很多人也都是在这方面下功夫，但是高效却难。

小学时课本上学《愚公移山》，我是真不能理解的。换到现在，愚公绝对是长时间工作的典范，但是是不是高效呢？太低效了！真正高效的是后来帮他移开了山的大 BOSS（老板），因为他真正掌握着解决问题的方法和能力。

就我来说，长时间学习是肯定没问题的，但是不是高效呢？

我一直以为自己是高效的，直到 2011 年，因缘巧合地看了《奇特的一生》，抱着试一试的态度，去尝试做了时间日程表。

然后，惊呆了！

我本以为自己一天认真工作学习，怎么着也有 8 个小时，可是最后一看，有记录的工作时间才 3 ~ 4 个小时！

时间都到哪儿了？！

从那以后，我就开始做日程表记录，到现在，有 5 年了。

我知道有人一定会留言“活得累不累？”，在这儿正面回一下：不累，而且很享受。

我从中拿到了好处，占了便宜，快活极了。

很多时候，很多人，都以为自己很努力，什么朝九晚五忙成狗，什么“996”（早上9点上班，晚上9点下班，中午休息1~2小时；一周工作6天），但你的时间真的是拿来工作了吗?

很多时候，你的工作就是像上面这样，以为很努力，其实只是低效率，然后发个朋友圈，在别人还未感动之前，自己先感动了自己。

纯粹工作时间，是指你真正拿来工作的时间。

冲咖啡，拉个花，美美地享受半小时，这个不叫纯粹工作时间。你会说，是的，我冲了个咖啡，拉了个花，美美地靠在办公椅上，但我在想项目策划啊，在想文案啊，这个怎么不能唤作纯粹工作时间了？

我的回答是，你随意，你觉得算就算呗。

为什么要记录纯粹工作时间，很简单，因为纸和笔是不会撒谎的，会撒谎的是你。

如果你真的认真仔细地作了记录，那么必然能够客观反映你的工作时间和工作效率，这样当你用心调整时，必然会有所提高。

在你一开始记录的时候，你会发现，自己不仅仅做不到长时间的工作与学习，工作与学习的效率也堪忧，这时候，请一定不要逃避，更不要糊弄自己，随便把什么都记录了进去，这样不好。

前面提到的《奇特的一生》就描述了柳比歇夫的生平。

柳比歇夫，苏联昆虫学家、哲学家、数学家。一生发表了70余部学术著作。

他在26岁时独创了一种“时间统计法”，通过记录每个事件的花销时间，通过统计和分析，进行月小结和年终总结，以此来改进工作方法、计划未来事务，从而提高对时间的利用效率。其间他不断完善这一统计方法，并一直沿用了56年直到逝世。

数十年如一日，柳比歇夫都是这样记录的。

在我看来，柳比歇夫真正做到了长时间和高效率。

关于精确记录为什么是第一要则，不再赘述，因为你不精确记录，这个事情就一点意义都没有了。

事实上，精确记录确实是非常难的。我的建议是，实在不行，就随身携一纸一笔，纸可以是便笺什么的，卫生纸也行，做了什么随手记一下，然后晚上整理，相信我，这花不了几分钟。但你收获的，却是巨大！

——佚名《如何长时间 + 高效学习》（有删节）

1. 先阅读文章一遍，在不回看文章内容的前提下，判断下列说法的正误，然后再回到文章中，看自己的答案是否能够得到文章内容的支持，如果得不到支持，则可以确认回答错误，最后计算出自己答案的正确率，将自己错题的原因简要地写出来。

——愚公移山的行为不可取。（　　）

——刻苦勤奋就是能长时间坚持学习和工作。（　　）

——纯粹工作时间不包括躺在沙发上思考问题的时间。（　　）

——苏联昆虫学家、哲学家、数学家柳比歇夫独创的“时间统计法”，统计的都是纯粹工作时间。（　　）

——长时间高效学习可以通过“时间统计法”来实现。（　　）

——每天做了些什么，应该精确地记录下来，养成习惯，就能从中获得巨大的收获。（　　）

——之所以要作精确记录，是因为纸笔不会撒谎。（　　）

——柳比歇夫精确记录每天的纯粹工作时间，而且一记就是56年，这如同愚公移山一样。（　　）

——作者从精确记录中得到的好处是，再也不用“996”了。（　　）

——精确记录每天的纯粹工作时间非常难，这是文章表达的核心观点。（　　）

____

____

____

____

2. 如何长时间高效学习，作者为此给出的答案是什么？

3. 作者对愚公移山作了现代意义上的解读，但在古代生产力极不发达的条件下，这个故事借助神的力量来反映当时人们的美好愿望，依然具有积极的意义，就连毛泽东 1945 年 6 月 11 日在中共七大闭幕词中也引用这个故事来激励全中国人民推翻头上的帝国主义、封建主义两座大山。据此，结合文本主题和自己的学习、生活实际就该故事作简要的评价；同时根据文意，给文中配图拟写一个主题语。

课外活动

活动名称：诡辩中的逻辑

活动主题：解释与合理推论

活动目标：能够通过剖析著名诡辩案例提升自己对逻辑推理意义的认知水平。

活动时间：单次 45 分钟（可连续多次，或作为常规学习活动之一）

活动准备：

1. 研读下列案例，初步了解诡辩及其逻辑原理。

古希腊，有学生问他的老师："什么是诡辩？"老师说："有甲乙两人，甲很干净，乙很脏。如果请他们洗澡，他们中间谁会洗？"结果所有学生的回答，均被老师驳回。

这里有四种可能：一是甲洗，因为他有爱干净的习惯；二是乙洗，因为他需要；三是两人都洗，一个是因为习惯，另一个是因为需要；四是两人都没洗，因为脏人没有洗澡的习惯，干净人不需要洗。这四种可能彼此相悖，无论学生作出怎样的回答，老师都可予以反驳，因为他不需要有一个客观的标准，这就是诡辩。

这个例子告诉我们：考虑问题一定要依据一个可靠的前提，将所有的可能都想到，否则就会留下漏洞，轻则被驳倒，重则导致问题解决失败甚至更严重问题的出现；而如果前提就是不可靠的，那后面所有的可能均禁不起推敲。例如：

一天，孔子向东游历，看到两个小孩在争辩，便问是什么原因。

一个小孩说："我认为太阳刚刚升起时离人近一些，中午的时候离人远一些。"

另一个小孩认为太阳刚刚升起时离人远些，而中午时离人近些。

一个小孩说："太阳刚出来时像车盖一样大，到了中午却像个盘子，这不是远时看起来小而近时看起来大吗？"

另一个小孩说："太阳刚出来时有清凉的感觉，到了中午却像把手伸进热水里一样，这不是近时热而远时凉吗？"

孔子也不能判断这件事的对错。

太阳距离我们的远近，在今天是一个科学常识，但两千多年前的人并不知道，所以孔子也无法判定谁对谁错。两个小孩说得似乎都有道理，如果非要分出对错甚至胜负，恐怕就只能靠声高甚至打架了。其实，从逻辑上看，这两个小孩分别依据"近大远小""近热远凉"两个前提来推导结果，就如我们现在有些学校常将"知足常乐"是好还是不好作为辩题一样，因为生活上要知足常乐，而事业上不应该知足常乐，完全是两个命题，自然无法通过辩论得出一个大家都认同的结论。回到"两小儿辩日"，如果他们采用比声音或打架来决定对错或胜负，则是完全改变了前提。所以说，我们在思考一个问题时必须依据一个可靠前提。

诡辩的另一个典型是以偏概全。鲁迅在《〈活中国的姿态〉序》中写过这样一段话："一个旅行者走进了下野的有钱的大官的书斋，看见有许多很贵的砚石，便说中国是'文雅的国度'；一个观察者到上海来一下，买几种猥亵的书和图画，再去寻寻奇怪的观览物事，便说中国是'色情的国度'。"这段话中描述的旅行者和观察者，从他们看到的某一点或某一面，就推导出了"中国是怎样一个国家"的结论。这就是典型的以偏概全，和我国古代成语盲人摸象的性质是完全一样的。

从词义的角度看，以偏概全就是用片面的观点看待整体问题；从逻辑的角度，就是将个体具有的某种性质，当成包含该个体的群体具有的普遍性质。例如：我被一个“好心人”骗了，所以所有好心人都是骗子。看到这个例子，我们都知道“所有好心人都是骗子”这个结论是不能成立的，但如果我们仅仅以“世上还是好人多”来反驳，可能一时会让那个被“好心人”骗了的人难以信服。这时，我们就只能在一定的语境中，用一定的技巧来反驳了。例如：

有一位养鸡户被一个鸡贩子坑了，从此就自己到集市上去卖鸡，非常辛苦，效率还低。即便这样，他还是拒绝了所有上门收购的商贩——除非先付货款。

一个收购商要买走他全部的成鸡，条件是签订货款两个月一结的合同。养鸡户不同意。这位收购商问清了原委，说：那这样吧，我先买你 10 只鸡。养鸡户说可以。

收购商在几百只鸡中挑来挑去，最后挑了 10 只非常瘦弱，甚至还有脱毛得病的鸡。养鸡户一脸困惑地说：“我农场里这么多鸡，个个雄赳赳气昂昂的，你为什么要挑这样的鸡？”

收购商说：“我要把这些送到农贸市场家禽批发处去，还要送几只给鸡肉制品企业，对所有的人说是这是从你这里买来的。”

养鸡户非常紧张地说：“这 10 只鸡我本来就不会拿出去卖。你拿这些鸡去代表我所有鸡的质量，这不是成心砸我的招牌吗？”

收购商就说：“你难道因为上过一个鸡贩子的当，就认为所有来买你鸡的人都不讲信誉吗？”

养鸡户一下没话说了，愣了一会儿，愉快地签订了合同。

诡辩中最常见的现象是偷换概念，这种诡辩往往比较隐蔽，很多时候还不容易被识破。比如下面这个例子：

甲乙二人对话。

甲：语言是交际的工具吗？

乙：是的。

甲：那汉语是汉民族的交际工具吗？

乙：是的。

甲：老虎是动物吗？

乙：是的。

甲：那老虎是老动物吗？

乙：这，这个不好说。

甲：既然前一个推理可以肯定，同样的推理你为何不好说？

乙：……

2. 在教师的组织下，按自愿组合原则成立学习小组，每个学习小组 3~5 人，选出组长。先就下列《战国策》中有一段关于“不死药”的故事进行讨论热身：故事中的卫士虽然凭借其三寸不烂之舌而侥幸逃过死罪，但我们从逻辑上进行分析可知，该卫士的话均为诡辩。请讨论卫士是如何诡辩的。

有客人给楚王献长生不老药，传递人拿着药走入宫中。有个宫中卫士看见后问道：“这药可以吃吗？”答说：“可以吃的。”卫士于是抢过来吃了下去。

楚王为此甚为恼怒，要杀死这个卫士。

卫士托人向楚王解释说：“我问传递人，他告诉我说是可以吃的，我才拿过药来吃下去。这事我没有罪，有罪的是传递人。况且客人所献的是长生不死药，我吃了药大王就杀我，这是丧命药啊（哪里是什么不死药呢），是客人欺骗大王啊。大王杀死一个没有罪的臣子，证明是有人在欺骗大王。”楚王于是就放了他。

3. 可以选择在电脑机房使用电脑，也可以在普通教室使用智能手机，每个小组就上述案例讨论结果进行交流，力图达成小组间的共识，同时看看生活中是否遇到过类似的互相辩论、互不服气，最终无法达成一致的问题，以此加深对“诡辩”“强辩”的认识，提升自己对生活中各种不合逻辑又一时难以辨识的言语现象的认知意识和能力。

下列例子就是一个谈判中的片段，双方都存在诡辩。我们能看出其问题所在吗？

20 世纪 50 年代，为伊朗石油价格问题，时任伊朗首相穆罕默德·摩萨台与英国人谈判。英国方面请来了经济学专家、美国人蒙夫里尔·哈里曼。

谈判桌上，摩萨台对一桶石油所要求的额外费用超过了一桶石油的价格。哈里曼对此不同意，他盯着摩萨台的眼睛说：“在谈判桌上，我们应该理智地讨论问题，你说对吗，首相阁下？”

摩萨台说：“这当然。”

“那么，我们就必须共同遵守一些基本原则。”哈里曼步步紧逼。摩萨台首相不动声色：“什么原则？”

“譬如说，没有一件东西的局部比它的整体还要大。”

摩萨台做了个怪相，慢吞吞地说：“这个原则嘛，并站不住脚。好吧，打个比方，譬如狐狸吧，它的尾巴往往就比它的身子还要长。”说着，摩萨台忍不住自己先笑了起来。

哈里曼知道自己出言失当，一时无法纠正，也跟着笑了起来。

活动步骤：

步骤 1：以学习小组（3 人）为单位，研究下面的案例。

甲乙两人偷东西，人赃俱获。他们被分开审问，可能的惩罚如下：

甲否认乙否认：甲、乙各获一年监禁；

甲否认乙承认：乙释放，甲获五年监禁；

甲承认乙否认：甲释放，乙获五年监禁；

甲承认乙承认：甲、乙各获三年监禁。

请问：可能的审问结果是什么？为什么？

步骤 2：每个成员分别写出问题的答案。

步骤 3：成员间按“1→2→3”的顺序公布自己的答案，并分别接受其他人的质疑，并将自己无法答辩及自己认同的质疑记录下来。

步骤 4：学习小组就各自的答案及相互的质疑进行讨论，直到获得一个大家公认的结果。

步骤 5：各组将成果发送给老师，或者以电子文档的方式同时公布；在老师的主持下，评价各组成果的优劣得失，并简述理由。

步骤 6：各小组就教师给出的小组成绩，在其内部依据贡献的大小进行二次分配。其间，教师不主动干预，但可以应学生请求给予一定的方法指导。

活动小结：诡辩在生活中是经常发生的，只是不像逻辑学里表现得那么典型罢了。比如：一位老师批评一名在校园内抽烟的学生，学生不服，反问教师："昨天我还看见你在那个花坛边抽烟呢，你凭什么教训我？"这位学生的反问其实就脱离或者无意扭曲了一个前提，那就是学校的规章制度是严禁学生在"任何时候、任何地方"抽烟；而对教师只是严禁其在办公室、会议室、教室等禁烟场所抽烟。学生抽烟是严重的违纪行为，而教师的这种抽烟行为并未违纪。所以，生活中的所谓"诡辩"大多是因为交流中有人有意无意地偷换了概念、转移了话题，导致前提发生了变化，这样的交流不但事倍功半，许多时候还会导致人际交流障碍。

该活动并不是要大家刻意去研究逻辑学中的"诡辩"问题，而是要强化大家表达的逻辑意识，其中最基本的原则就是，无论是口头表达还是书面表达，都要从同一个前提出发，这样才能正确理解对方的言语，表达自己的意思，才更容易达成共识。所以，在整个活动期间，教师需要就各小组在个体学习、小组讨论、成果评价、成绩分配等方面进行有针对性的点评，尤其是在"解释和合理推论"的整个思考和分析方法上给予有针对性的点评指导，并提出下次活动必须注意和改进的问题。

下篇 >>>

第三课　事理与过程

学习目标

1. 能够就做事的过程，以及做事所涉人与人、人与物、物与物之间的关系，明确步骤、要点以及相关节点与细节。

2. 能够借助说明、叙述等主要表达方式，选择合适的顺序，将做事所需明确和传递的信息，准确、规范地表达出来。

3. 能够按照“立意—构思—写作—修改—应用”的流程，根据应用场景，借助合适形式，对所表达内容进行精细化处理。

翻转课堂

研究表明，我们2岁左右的时候，能掌握50个左右的名词、动词，并能通过词的组合，表达自己对外部事物及其简单关系的辨识。到了3岁左右，会经常追着爸爸妈妈不停地问为什么——此时的我们开启了好奇心的大门，主动开始了自己对外部事物及其关系的认识。这种认识和我们的语言能力相伴相生，直到现在和今后，不断提升着我们对客观世界的认识能力和实践水平。这种能力和水平，其基础就是本课所要学习的做事的事理与过程。

下面是网络上堪称“网红”的一小学生和一大学生的请假条。

小学生：我明天肚子疼，请假2天。请批准。

大学生：

请假时间：2015年10月28日—11月2日

请假理由：天凉了，想起了自己的父母，感觉快忘了他们长啥样了，我想回家去看看。

今天就能预知明天肚子疼——合乎事理吗？

就算国庆假期没回家，从 9 月初开学到 10 月 28 日请假也才不到 2 个月，或者就算从上大学起就没有回过家，就感觉忘了父母的模样——合乎事理吗？

对，在“事理”这个问题上，小学生和大学生犯的是同样的错误。就算大学生用了点修辞，增加点文采，能感动辅导员吗？常识告诉我们，请假条最重要的是有充分的理由。但这位大学生是因为天凉而担心父母的健康，想回去看看他们，还是因为天凉没有秋衣而想回家去取，还是因天凉而伤感，想回家寻求父母的安慰？请假条是不带这样让老师猜想的。

因此，本课的学习，我们要掌握的其实就是小学时代就应该具备的关于事理与过程的思维方式，不同的只是思维的内容而已。现在，我们来作个不限时间的自我测试。

1. 写“用”字，第一笔是撇；写“同”字，第一笔是（　　）。

2. 填字，使前后均能组成有意义的成语。

力不从（　　）满意（　　）不出（　　）枢不（　　）众木折

3. 昔有富人，痴无所知。至于富家，见三重楼，高广严丽，心慕之，即念：“吾有资，盍造斯楼？”乃召工匠，嘱以如是。翌日，工匠经地垒砖，日入而息。富人见之，怪而问：“欲作何等？”匠曰：“先做底重。”富人曰：“吾不欲下重之屋。”匠讶曰：“何有不作下重而为第三重者？”富人固言欲如是。时人闻之，皆嗤其愚。

这个故事是说，造楼必须自（　　）而（　　），首先打（　　），最后才盖顶。

4. 下面是一道小学数学题（出题人：南京市洪武路小学低年级数学组组长魏琼），请回答，并说明理由。

船上有 13 头牛、6 只羊。请问：船长多少岁？

5. 和普通机床相比，数控机床最显著的特点是（　　）。

A. 性能可靠　B. 操作简单　C. 程序控制　D. 工作母机

6. 月末最后一周的周四下午，科长要求一个职员写一份本周全科工作小结。这个职员刚写了一会儿，科长又让他起草一份下个月的工作安排。

这个职员没想到的是，周五一上班，科长直接找他要下个月的工作安排，可他还没写完，只好将写好的工作小结交给了科长。虽然科长没说什么，但他已经明显感到科长的不悦了。这个职员先后接到科长两个任务，应如何安排自己的工作？

7.《万师傅家居问答》：如果家里的水龙头漏水了，想自己动手维修，没问题。首先要（　　），然后准备好工具开始检查、维修。不过，这之前一定要通过产品说明书，了解这款水龙头的（　　）。

8. 将下列名词重新归类排序。

①操作系统　②中央处理器　③台式电脑　④硬盘　⑤主板　⑥内存　⑦显卡　⑧声卡　⑨显示器　⑩机箱　⑪键盘　⑫打印机　⑬鼠标　⑭应用软件　⑮音箱

9.“一位宇航员神采飞扬地说：‘我在宇宙飞船上，从天外观察我们的星球，用肉眼辨认出两个工程：一个是荷兰的围海大堤，另一个是中国的万里长城！’”这段原小学语文课本上的文字存在什么问题？指出来并作简要说明。

10. 就自己想做的一件事，参照下列模型（可适当修改），用关键信息画出流程图并就重要细节或需特别注意的问题作简要说明。

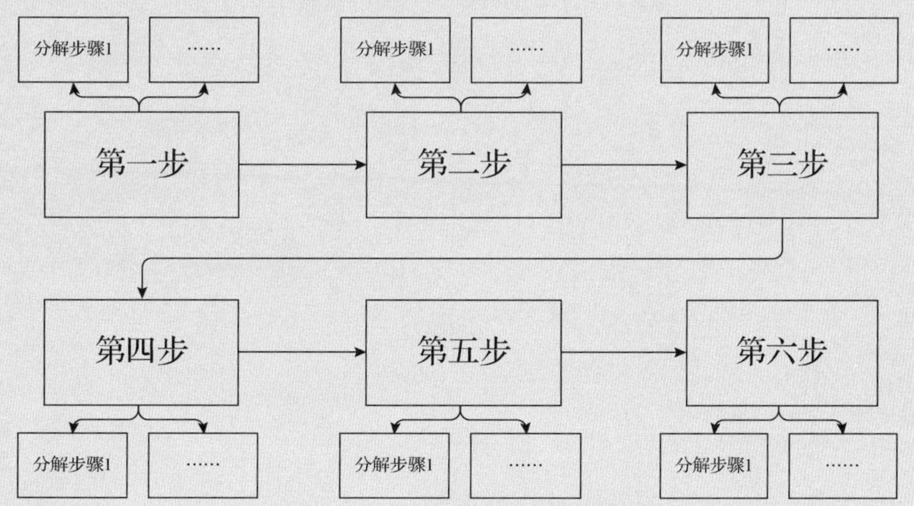

每天起床后想一想，今天要做哪些事，这就是计划；每件事如何做，做到什么程度，达到什么目的，这就是方案；做事过程中，可能要收集、处理相关资讯，可能就相关要点作个备忘，也可能就自己的某个特别的立场、观点或态度发布个声明，也可能就某个人、某种工具、某个事项或某种方法作个推介；晚上睡觉前，反思一下得失成败，这就是总结。这些学习、生活、工作场景中需要用到的具体思维内容和表达方式，小学生不一定会，但其思维与表达的原理是基本一样的。

知识与方法

我们每天都要做事。从清晨起床、穿衣吃饭，到晚上睡觉、洗漱盖被，都是在做事。我们一生都在做事，从牙牙学语、蹒跚学步，到颐养天年、临终遗嘱，整个生命历程，其实就是做事的过程。

做事就涉及人和物。衣服是物，穿衣则是事，做衣服、买衣服也是事；饭是物，吃饭则是事，做饭、卖饭、买饭也是事。到了学校，我们读书、做习题、练技能都是在做事，这些事中所用到的教科书、习题册、机器工具则是物。总括来说，我们对物的认识、改变和利用是事，而这种认识、改变和利用的过程就是做事。

做事有做事的规则。人的一生不外乎生活、工作、学习三个方面。每个方面都需要做事，其中哪些是最迫切需要做的，哪些是可以缓一缓再做的呢？每做一件事之前，我们通常会想，为什么要做，如何做，做到什么程度，结果会怎样。当我们这样想的时候，不知不觉地就会遵循两个规则：一是先做什么后做什么；二是这样做了得到的结果是不是自己想要的，是否如古人说的“种瓜得瓜，种豆得豆”。这两个规则，前者叫作“时序”，后者叫作“因果”。这就是本课要学习的事理与过程。当然，其中的事理还包括做事所涉物品，如果我们对所使用物品的性能、功用和所做事情的因果关系认识不够甚至错误，自然会影响做事的方法和最后的结果。所以，古人要求我们一定要“明事理，知得失”。

做事总是和表达联系在一起的，或者说做事离不开表达。从表达的形式看，一方面是口头表达，另一方面是书面表达，这个非常容易理解。因为做任何事情，我们除了和物品打交道外，还要和人打交道，怎么离得开表达呢！做事之前，我们要做个计划；做事过程中，我们要交流沟通，寻求他人的合作、支持、帮助等，有些时候还要做一些必需的文案；而做完一件事之后，还要作个总结评估什么的。这些因做事所产生的表达，如果全部整理出来，形成“档案”“卷宗”，我们就能从中分析所做事的全程是否都符合事理。这就要求我们因做事而进行的表达本身，必须符合事理，反映过程；如果是特定的书面表达，如方案、总结等，还需符合相应文体的写作要求。

做事必须符合事理，否则就做不好事、做不成事；因而做事过程中的所有表达也必须符合事理，特别是书面表达。这些基于做事的书面表达，均要主题精准、内容客观，用语规范、表意明确，逻辑严谨、条理清晰。一言以蔽之，就是一语中的，没有任何歧义。否则，就容易导致他人理解偏差，进而影响到做事的进程和质量。

从表达的方式看，基于事理与过程的表达一般均以说明、叙说为主，不轻易议论、描写和抒情，这就是所谓的实用文。当然，在某些特定情境中，出于鼓动、激励做事的热情，也不排除以议论、抒情来阐述做事的利害得失和增强表达的情绪感染力，但这种议论和抒情均要从属于说明和叙说。一般情况下，描写更多地用于文学类作品，实用文中使用不当，可能会妨碍意义的准确表达。

概括地说，要写好做事所需的文字，首先必须透彻地理解做事的事理，然后按照做事的流程自然成文，最后再对文字进行精细处理。这可以作为实用表达的一项基本原则，浓缩为6个字：想清楚，写明白。遵循这个原则，我们的表达和做事就会相辅相成，相应的认知能力、思维水平和做事品质就会不断提升。

示例

德胜公司的新员工培训，时间长达3~6个月，主要做室内外清洁、帮厨、园林绿化等工作。培训内容很简单，普通人都会做，但要把这简单的工作做好、做到位，并不简单。下面是该公司新员工“培训手册”中的一个项目及其要求：

清洗马桶有6个步骤：

一倒——在马桶内上沿均匀地倒一圈“威猛”洗洁剂。

二泡——让洗洁剂浸泡10分钟，此时可先擦马桶的隔离门、洗手池等。

三刷——用毛刷刷干净马桶。

四冲——放水把马桶冲干净。

五湿擦——用湿布将马桶内外及踏脚处擦一遍，放刷子的底座内的水也要擦干净。

六干擦——用干布把马桶外围及桶内水线以上部分的水渍擦干。

该项目完成的质量标准是：将马桶里的水进行理化检测，其成分必须和正常的自来水完全一致。

——选自周志友《德胜员工守则》

清洗马桶是一件事，新入职的员工必须反复做，并且要达到规定的质量标准。这个培训项目说明的事理非常清晰：一是规定了做事的先后步骤，也就是时序；二是规定了每个步骤做完后必须获得的结果，也就是因果——就是因为你这样做了，所以得到了这样的结果。换句话说，就是说清楚了“做什么”“如何做”“做到什么程度”。但从文字表述看，其实也存有一定的瑕疵，那就是“干净”一词的含义不够精准。因为这是一个可以凭借主观感受来判断的标准，你认为干净了就可以说是“干净”的。但这也是一个可以进行客观判断的标准，比如不允许有肉眼可见的水渍，更不用说污渍了。由于该项目最后的评判标准为进行水质的理化检测。因此，“干净”一词含义的模糊性就被有效地弥补了。相信这样一个文本，每个新员工读后，都会明白如何才能做好这件事。

训练一　策划、备忘与总结

训练提示

1. 本训练单元的意图是做一件事，需要从策划开始，在做的过程中做好相关的记录、说明，以推动做事的进程，而事情做完了就要进行反思，以指导今后更好地做事。

2. 策划是个人、企业或社会组织为了达到一定的目的，在充分调查相关环境的基础上，遵循一定的方法或者规则，对未来即将要做的事进行系统、周密、科学的计划而制定的可行性方案。通俗地说，就是做事之前的打算，包括目标、方法、路径、步骤，等等。策划事项是全方位的，如活动策划、营销策划、宣传策划。好的策划需要有好的思想，只要循着实现目标最优化的思路，将方方面面的问题及解决之道都想清楚了，然后用文字表述出来，再经过反复斟酌，就可以形成一个切实可行的、结果可测的策划文案。

3. 备忘，源自拉丁语 memorandum est 所形成的动名词，意为“这是应该被记住的”。备忘录，就是将这些原本储存在脑中的信息用文字记录下来。现在的智能手机、电脑都有备忘录或记事本这个功能，一般用来记录自己某个时间段内需要做的事，或记录一件事中已经做过的和将要去做的事。这种仅用于个人事务管理、时间管理的备忘录，在遵循事理的前提下，一般可以随个人习惯而写得比较随意。但如果涉及他人，或涉及政府、企业、社会组织间的重要事项，就要按公认的规范来写，因为这种备忘录可以作为非正式文件使用，对后续沟通交流起着重要作用。

4. 总结，就是对过去一定时期的工作情况进行回顾、分析，并作出客观评价。总结可以是口头的，也可以是书面的。书面总结，是一种常用的实用文，按内容分，有学习总结、工作总结、思想总结等；按时间分，有年度总结、季度总结、月份总结等。当我们做完一件事，或一个活动结束后，也要作总结。想一想：这件事怎么做的，做得如何，有没有达到预期效果，有哪些成败得失，对今后类似的事情或活动有哪些启示，等等。然后写出来。

5. 事前、事中、事后，我们都会和他人发生各种形式的沟通交流，其中碎片化的口语部分虽然琐碎，但有些信息可能对做事进程和品质起重要作用。对这些信息，哪怕是一句话、一个词、一个图片，都可以在策划、备忘录和总结中体现出来。这样做，事前可以让我们对所做之事的思考更为缜密；事中可以让我们随时修正、优化做事流程和方法；事后还可以起到评价、追溯等作用。如此循环，可以有效地提升我们对所做之事的反思质量和今后做事的能力水平。

题一

从 2002 年开始，德胜公司每年年底都在苏州豪华的五星级酒店喜来登大酒店举行大型晚宴。

2005 年 12 月 25 日，除留守人员外，来自北京、合肥、黄山、上海、昆山等地的员工及特邀嘉宾 650 余人，一起会聚苏州公司总部会议大厅，参加年终庆祝会。

13 点，大会正式开始，聂圣哲（公司董事长兼总经理）先生发表了简短有力的讲话，他从公司一年来的忙碌和年终的奖金，说明公司正在健康稳步的状态中发展着。他还提醒大家不要受不健康、不正常的思想的影响而使自己走向迷途。

接下来的程序是发奖金。几百人的奖金，足足装了几大纸箱，全由聂总亲手发给每个人。他幽默地说，这是他最喜欢干的事情了。尽管这项工作使他手臂酸痛，口干舌燥，嗓子发哑，但他总是面带微笑，对领取奖金的每个人都要说一声“谢谢”。有些职工奖金很多，信封没办法封住，从信封开口处露出厚厚的百元大钞，让人羡慕。

17 点 30 分，全体人员来到喜来登大酒店宴会大厅。

晚会的序幕，是公司合唱团献给同事们的一首优美的歌曲。在管风琴的伴奏下，在烛光中，合唱团又饱含深情地演唱了大家熟悉的由聂总作词的《我们由衷地感谢》。他们唱出了对同事的感激之情，台下的员工也同声附和着唱起来：

我们感谢上苍，上苍给我仁爱。
我们感谢父母，父母给我命脉。
我们感谢公司，公司给我职业。
我们感谢同事，同事给我关怀。
我们感谢自己，做人勤劳清白。
您好，亲爱的祖国和我的家人！
您好，美丽的新世界！

歌声在喜来登大酒店宴会厅中久久回荡，在人们心中久久回旋。多么纯洁！多么高尚！

18 点整，晚宴正式开始，聂圣哲先生首先致辞：

“各位来宾、各位同事、女士们、先生们：

“……德胜公司没有误入迷途，又平安地度过一年，并且，取得了很好的发展。在过去的一年中，可能有多个公司倒闭，也可能有不少公司壮大了。我为那些靠诚实、勤劳、有爱心、不走捷径，而取得成就的公司感到骄傲，同时也对那些内心肮脏和唯利是图的商人感到耻辱。虽然是共同的利益让我们走到一起来，但能够让我们长期相依为命的却是共同的价值观，那就是诚实、勤劳、有爱心、不走捷径。

“德胜永远要做高尚的公司，德胜永远要做充满良知的公司，德胜永远要做捍卫正义的公司。假如只有与邪恶为伍才能生存，德胜公司哪怕选择关闭也决不屈服。

“这是一个多么美丽的夜晚，各位来宾、各位同事，你们是茫茫人海中为数不多的君子，让我们举起杯来，为我们的相遇和相知，为我们能够欢聚一堂，干杯！谢谢各位光临。”

聂总讲话结束后，全场响起雷鸣般的掌声。

接下来，员工们和来宾一边欣赏《德胜公司 2005 年大事记》，一边品味着五星级酒店的美味佳肴和优质服务。

晚宴洋溢着欢乐祥和的气氛。其间，还有员工子女薛静宜为大家表演跆拳道；有波特兰小街（德胜公司在苏州的样板别墅小区，只租不售）住户 John（约翰）为大家表演吉他弹唱，他那英俊的外形，浑厚略带磁性的嗓音，唱出了美国乡村歌手的味道；而来自洛杉矶的 7 岁小女孩聂铂妮，用纯正的英语熟练地演唱了一组歌曲，赢得了全场的阵阵掌声，把宴会推向了高潮。

20 点，晚宴渐进尾声，富有爱心、热衷于公益事业的德胜人和部分来宾，又向聂圣哲创办的长江平民教育基金会捐赠爱心款 11 569.5 元。

《德胜员工守则》编者周志友评述：德胜员工年会晚宴，有很多东西是值得思考的。德胜第一次到喜来登联系时，把餐饮部经理吓了一跳，成百上千的农民工，拥进五星级豪华酒店，如果喝醉了酒，大声喧哗或随地吐痰，怎么办？为了接下这一单生意，酒店方面作了很多准备，譬如增加服务员、保安，还制定了几套应急方案。可是，后来事实却大大出乎酒店的意料。晚宴那一天，这些长期在一线工作的木工、瓦工，进入酒店时，都衣着整洁、彬彬有礼、不卑不亢。他们的脸看起来是一个农民，但他们的风度，气质，让酒店经理和服务员都感到震惊。没有人抽烟，没有人随地吐痰，没有人大声喧哗。事先，聂总告诫干部，晚宴不许提前告知员工，他要看看企业的管理是否成功，员工的素质究竟如何。

在这个晚宴中，我也受到很大的震动。当《我们由衷地感谢》这首歌结束以后，大厅里鸦雀无声。我觉得每个人的心灵都受到了一种震撼。在这种场景里，不感动是不可能的，我看到有些人眼眶里流出晶莹的泪花，那是我在现场亲眼看到的，我觉得这种事是非常感人的，这也是我要出这本书的动因，这本书我一定要做出来。构建和谐社会，我们每个人都需要这样的精神家园。

——选自周志友《德胜员工守则》

1. 根据上述材料，倒推德胜公司相关部门就本次活动所作的准备工作。请以条文方式按一定顺序分别列出。

2. 根据材料所显示的信息，按照下列模板（可修改），为本次年会制作一份反映策划书所述环节、要点、细节的流程图。

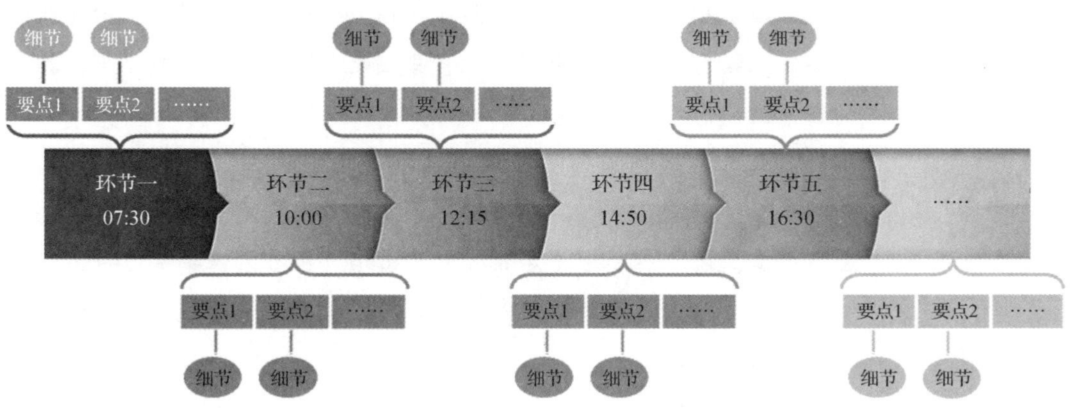

3. 根据材料，说说来自建筑公司的农民工在晚宴中表现出的让酒店经理和文本作者受到震动的优秀素质是如何炼成的?

题二

合资开发家用机器人项目会谈备忘录

中国之神公司代表团5人与美国AD公司代表团5人（不包括随行工作人员），于2016年12月19日—25日在中国北京市大华商务酒店703会议室，就合资开发家用机器人项目进行了初步协商，双方充分交换了意见，就相关问题达成了谅解，双方承诺如下：

1. 美国AD公司同意就合资开发家用机器人项目进行投资，投资金额不超过1 000万美元；投资方式待双方进一步磋商。中国之神公司以现有厂房、场地、机器设备和基础技术作为投资，其作价原则和办法，待双方进一步协商。

2. 关于利润的分配原则，美国AD公司认为自己的投入既有资金，又有前沿技术，应该占60%~70%；中国之神公司则认为应该按投资比例分成。没有取得一致意见。但双方一致认为这是一个通过专门协商可以解决的问题。

3. 合资项目生产的家用机器人产品，美国AD公司承诺由其在国际市场上销售年产量的45%以上，中国之神公司希望达到70%，其余的在中国国内市场上销售。

4. 双方都认为家用机器人项目有着广阔的市场，会给双方和社会带来合法的利益，是一个值得为之共同努力的项目。但项目起始规模、发展战略、经营模式及其他有关事项，均没有详细加以讨论，双方都认为待上述第2项事务在向各自的上级汇报并经进一步磋商确定后，都会顺势达成一致。

5. 本次洽谈，虽未能解决主要问题，但双方都表达了合作的强烈愿望。期望在今后的两个月再行接触，以便进一步商洽合作事宜，具体时间待双方磋商后再定。

中国之神公司代表（签名）：×××

美国 AD 公司代表（签名）：×××

2016 年 12 月 25 日

1. 备忘录在商务谈判或业务洽谈中经常被使用。上述备忘录蕴含的事理是：合作共赢，相互理解，平等协商——先主后次、求同存异。该文本在内容和写作上都有哪些显著的特点？

2. 以 3 人为一组，就需要合作的某个事项与另一小组进行意向性协商。就协商结果参照上述文本写一份洽谈备忘录。

题三

2017 年 12 月 3 日下午，由院团委、学生会主办的“历史名人心理剖析”活动，在学院大礼堂顺利开展并取得圆满成功。我作为活动的主要策划人，现就本次活动总结如下：

一、活动要点回顾

1. 此次活动在学术上得到了省教育厅大学生心理健康教育中心的鼎力支持，程序上得益于各二级学院团委、学生会的精心组织；全体新生和大二部分同学参与了该活动。

2. 此次活动旨在组织同学们在对孔子、屈原等历史名人的探索分析中了解名人的心理品质，挖掘名人成败得失可能的心理因素，进而引导同学们获得健康的心理取向，更全面而深刻地认知心理，以更为积极的心态面对大学生活，并为未来的社会参与、职业活动和个人生活做好健康的心理准备。

3. 此次活动采用了大二学生为主体的情景剧表演形式来诠释名人在特定时期和事件中的心路历程，较为直观生动；以“大家讲堂”的方式请相关专家进行名人心理剖析专题报告，较为理性深刻。两者相辅相成、相得益彰。

二、活动成效概述

1. 各二级学院均推出了以话剧为主的情景剧表演。剧中的现代气息为古典题材增添了光彩；道具服饰等为表演注入了新的活力；精彩的对白让话剧人物被演活了；穿插其中的旁白——心理解读通俗易懂。场下掌声不断，气氛热烈，可以说是达到了寓教于乐的效果。

2. 主讲老师使用多媒体技术，将严肃的主题和深奥的心理学原理，借助名人的史实、典故、传说演绎得既理性深刻，又趣味盎然。讲座时长 1 个小时，内容丰富、意蕴深长。为同学们如何运用心理学知识解析人物活动心理、调节自己的心理提供了切实可行的方法。从现场情况看，绝大多数同学应该是听进去了，这从讲座过程中的鸦雀无声和结束时的热烈掌声可以得到验证。

3. 活动最后是吴老师的点评，他不仅肯定了节目表演的形式创新，更肯定了参与话剧创作和表演的同学们在对历史名人心理剖析方面的学术思维。这说明，在心理学方面，一部分骨干同学已经能够将抽象的心理学知识应用于实际问题的分析和解决。

4. 活动结束后，从各二级学院反馈的信息看，同学们对活动津津乐道，谈得更多的是台上上演的人物，还有一些精彩的台词。我个人也直接看到了一些同学的议论，主要来自同学的微博、QQ 空间、QQ 群、微信群、朋友圈等，其评价大多是肯定的。说明此次活动在一定的范围被积极传播，产生了一定的边际效应。

三、活动经验点滴

1. 对象选择合理，参与人员主要面向全校新生和大二大部分同学，也有部分高年级同学，以及其他有兴趣的同学。

2. 有策划团队、学术团队、表演团队通力协作，有校团委、学生会和二级学院团委、学生会组织，以及校行政机构和上级相关机构的支持。此种工作机制不仅保证了活动质量，更重要的是保证了活动的效果。

3. 充分发挥了各层级软、硬资源的有效组合，特别是现代信息技术的适当应用，生动活泼，同学们参与感强。

4. 特邀心理学专业人员和专业学者进行现场讲座和点评，保证心理学知识的正确传达以及点评的公平准确。

四、有待改善之处

1. 活动过程中台上、台下互动较少。

2. 活动前准备时间较长，而活动后缺乏有组织的研讨，活动链的长度不够。

3. 活动与日常心理健康教育衔接度不够。

——佚名《“历史名人心理剖析”活动总结》(有删改)

1. 根据文本信息，按“事前—事中—事后”的顺序，概述本次活动所体现的事理特点。

2. 该活动总结在写法上有何特点？

3. 配图为著作《历史名人的心理传记》封面，根据文意，为此书拟写一个主题语。

4. 参照上述活动总结的写法，就自己参加的某次校园活动拟写一篇活动总结。

题四

回锅肉是一道传统川菜，是下饭的好菜。所谓回锅，就是再次烹调的意思。好的回锅肉色泽养眼，肥而不腻，入口浓香。

到市场选一块肥四瘦六宽三指的新鲜五花肉。平时烹饪对猪肉氽水时，一般冷水下锅，这样有利于去除血污。但做回锅肉则不同，一定要滚水下锅，才能封住里面的水分，成菜吃起来才更润泽一些。煮时，最好在水里放入生姜片、青蒜苗等。炒时，若用菜籽油，能与肉片搭配出更好的味觉效果。

食材：五花肉半斤，尖椒青色、红色各一个，青蒜 4~5 根，白糖 2 茶勺，生抽 1 汤勺，盐 2 克，料酒，姜片，葱段，蒜片，花椒 10 余粒，豆瓣酱 1 汤勺。

做法：

1. 预先处理：将整块五花肉放入沸水中煮至 9 成熟（约 20 分钟，筷子可以扎透猪肉），然后放入冷水中冷却。冷水冷却可以使肉快速收缩，帮助成形，增加嚼劲儿，是普通厨师秒变大厨的关键步骤，不可省略。

2. 青、红椒切菱形段，青蒜切寸段。蒜头和蒜叶分开放。

3. 预先处理过的五花肉切小于 2 毫米薄片。

4. 蒜头拍碎，豆瓣酱中豆瓣剁成茸。

5. 锅内下少许菜籽油，肉片下油锅，旺火煸炒；至猪油渗出，肉片打卷，变得焦黄；出锅。

6. 下入蒜末、豆瓣酱、花椒，用小火炒出红油。

7. 倒入青、红椒段和蒜片，下入糖、生抽、盐；出香味时，入肉片、青蒜叶；翻炒 30 秒左右出锅，装盘。

1. 按照下列鱼骨图模型（可修改），画出以“回锅肉的制作”为主题的鱼骨图，直观地体现回锅肉制作的步骤、工艺、注意事项等。

2. 根据鱼骨图，在家里独立完成一份回锅肉菜品的制作；在自己与家人共同品尝后，获取反馈意见，自拟标题，撰写一份图文并茂的工作小结，发送至班级微信群、QQ 群。

训练二　资讯、声明与推介

训练提示

1. 本训练单元的意图是就需要广而告之的事项，按照事理进行有效说明，使他人能确切地理解并接受。无论是未来的工作，还是当下的学习、生活，我们都需要资讯。对于资讯，哪些是现在有用的，哪些是以后会用的，需要选择，分别处理；而对其中重要又比较长的资讯，则需要提炼要点，编辑存储，以备不时之需。我们还会遇到一些重要事项，需要旗帜鲜明地向一定范围内的公众申明自己的立场、观点和态度，以便在可能的情形出现时，有据可查。而推介则是我们借助媒体或合适的平台直接参与社会生活的一种方式。

2. 资讯是指能够为自己带来价值的信息。这种价值，有的是当下就需要的，而有些是以后才可能被需要的。我们对资讯的学习，除了要进行价值判断，还要学会对其进行整理、摘要、编辑，从而形成自己能够随时查阅并使用的“库”。资讯的来源非常广泛，如亲临专家讲座所获得的信息，从报刊、网络获得的信息，等等。有的长，有的短，短的我们可以直接保存，而长的就需要作出摘要，而将一堆资讯按一定主题串联起来，那就是基于编辑而产生的作品了，可以自用，也可以对外发布，并起到应有的社会作用。

3. 声明的意思是公开说明真相，或专门就某人或某事表明自己的立场、观点和态度。声明可以是组织行为，也可以是个人行为，是一种文告形式。和议论文不同的是，声明只要讲清自己的立场、观点和态度以及与之对应的事实就行，不需要论证。而声明的用途，从定义就可以看出，主要是用来保护自己的合法权益的。比如，我们在报纸上常见的“证件遗失声明”就是为了防止丢失的证件被非法使用。所以，拟写声明必须具有较强的法律意识。

4. 推介就是就好的人或事或物向他人进行宣讲、介绍，希望获得最大程度的认可和接受。我们这里的推介专指产品（包括服务类产品）推介。无论是举办一个产品推介会，还是组织一个产品推介活动，都需要有产品推介书。其写作目的是将产品的性能指标、主要功用、使用方法及注意事项，甚至产品的工作原理、系统构成、生产工艺等说清楚。产品推介书既可以作为宣讲依据，也可以作为宣传材料或广告文案，是产品推销的必备文书。

5. 从资讯到推介，是我们每个人在一生的工作、生活中绕不开的话题。就声明而言，涉及个人合法权益，用在媒体发布的可能不多，但日常生活、工作中就某一事项而在一定范围内以口头或书面形式申明自己的立场、观点和态度的概率还是非常高的；就推介而言，即便我们不从事商品销售，但生活中总会有向他人推荐好产品的时候，哪怕是自己买了一件称心如意的物品，向家人、朋友、同事“炫耀”时所说，也是一种“推介”，因为他人可能因你的“推介”而产生进一步了解的兴趣甚至购买的欲望。所以，无论是资讯整合加工，还是声明和推介的创作，都值得我们反复训练。

题一

由我主持的15分钟《文坛纵横》

（随着优美动听的《蓝色的爱》曲子响起，主持人有礼貌地给各位听众朋友问好）

各位朋友：欢迎收听由我主持编播的《文坛纵横》。

首先让我把这档节目内容简要地给各位预告一下。

在《读书人语》中，我要和大家一块儿欣赏一篇由华东化工学院副教授曹锦清写的散文。这之后我问各位一个问题：你们了解近一个时期，哪些书籍最能打动青年人的心吗？也许你会摸摸脑袋摇摇头。别急，在《书迷眼》中，我会给你一个满意的答案。中长篇小说、故事，我们欣赏过很多，也有些腻了。这一期，我给各位换个口味，介绍几篇短文，请别错过机会。科学发展带动各方面前进，其中以电影事业尤为突出。电影在它诞生的一个世纪里，出产了无数优秀的片子，《乱世佳人》就是一部使人永久难忘的优秀影片。不过，今天我在《旧书新说》中讲的是《乱世佳人》这本书，而不是《乱世佳人》这部影片。好了，节目预告完毕，不知朋友们是否还满意我的安排？

（音乐《蓝色的爱》结束，停顿片刻）

今天，我们在《读书人语》栏目中，一块儿欣赏由华东化工学院副教授曹锦清写的散文《我喜欢庄子和鲁迅》：“我所喜欢的思想家是庄子和鲁迅。我所喜欢的书是《庄子》和鲁迅的小说与散文。我的业余爱好是读书、聊天、品茶。我的人生格言是‘言其所信，行其所言’。但我又申明，这只是一种目标、一种理想。事实上，过去、现在和将来我都不得不说一些违心的话，做一些违心的事。我的治学方法是‘通过怀疑而求真’。我追求宁静，但更喜欢痛苦。因为痛苦是人的天赋权利，更是思想的真正酵母。”读完，我亲爱的朋友，你的业余爱好、人生格言、治学方法、生活中的喜怒哀乐是否与他相仿？或许，曹教授的心里话会给你一些启迪。

前些时候，武打热、文艺小说热等等，烧得青年人头脑发昏。近一时期，“热”目标又开始变换。你知道现在哪些书最能打动青年人的心吗？《书迷眼》给了你最好的回答：一条“大河”波浪宽，风吹“佳作”传两岸。台湾著名女作家、画家席慕蓉，正以其优美隽永的诗集《无怨的青春》风靡大陆。这本书由于吟咏一种“绝对的宽容、绝对的真挚、绝对的无怨和绝对的美丽”的爱，赢得青年人的心。据上海《青年报》的报道，近期青年最喜欢的书榜单上，《无怨的青春》名列榜首，其次是《约翰·克利斯朵夫》，《简·爱》名列第三；《平凡的世界》名列第四，还有《渴望生活》《傅雷家书》《忏悔录》《血色黄昏》等都受到了青年的青睐。以上这些热门书，有兴趣的同学可要去欣赏一番。

作家叶圣陶先生曾深有感触地说：“有些长文的短处就在它长，有些短文的长处就在短。精辟的短文，令人浮想联翩。”果真如此。不信，请听由我收藏的几篇短文，可以说是“短”到了极致。

一家文学刊物刊登了一首题为《生活》的诗，全文只有一个字：“网”。就这一个字的“诗”，把生活中那种错综复杂、千丝万缕的关系表现得淋漓尽致。

奥地利的《快报》发表一位评论家为美国影片《戴斯蒙医生的十三个牺牲品》所写的影评“我是第十四个”，仅一句话，幽默地抨击了此片的低劣，一针见血。

美国著名科幻小说家弗利蒂克·布朗，写了一篇两句话的科幻小说：“地球上最后一个人独自坐在房间里，这时忽然响起了敲门声……”

很多朋友，都看过由费雯·丽与盖博两位巨星合演的影片《乱世佳人》，今天我在《旧书新说》中讲的是《乱世佳人》这本书的历史。这是世界文坛上的奇迹：美国女作家玛格丽特·米切尔，一生只写了一部小说，便使她成为闻名于世的作家，这部作品就是《乱世佳人》（也有翻译成《飘》的）。这部历史题材的小说，以一个种植园主的女儿为主人公，通过若干家族的变迁过程，反映了美国南方社会在这一重要历史时期的现实。作者虽然是满怀着惋惜、哀伤的心情来描写笔下的主人公，实际上却让人们了解到了当时美国南方奴隶主阶级必然灭亡的结局。20 世纪 40 年代，由小说《乱世佳人》改编的电影在中国放映后，吸引了极多观众。不久又出现了该小说的中译本，书名《飘》取义于书中第二十四章，意思是说本书主人公的故乡已经随风飘去了，但后来为突出主人公的坎坷遭遇，书名改译为《乱世佳人》。我想，虽说现在席慕蓉的《无怨的青春》占据着我们的心，但捧起《乱世佳人》，我们也会思绪万千。

时间悄悄流过，节目即将结束。我愿每位喜欢文学的朋友，用笔把你的生活打扮得五彩缤纷，愿我主持编播的节目给你带来美的享受。我们下期再见。

（作者：刘晓琴。作者为江苏省常州市技工学校学生，该文作于 1989 年，在校园之声广播站播出，受到追捧）

1. 这是一篇校园广播站专栏广播稿。其内容选择和编辑上有哪些显著的特点？

2. 以 3 人为一组，上网收集新中国成立以来著名劳动模范和新时代“大国工匠”的相关事迹材料。通过讨论拟定主题，参照上述广播稿的写法，为校园广播站、网站或微信公众号推送一档专栏稿件。（不超过 2 000 字，需涉及 5 个以上人物；如果通过网络推送，则需配发与主题高度切合的图片）

3. 持续收听本校校园广播站某个时段的全部内容，就你所收听的各期节目各作一份内容摘要，然后将其编辑为一个150字左右的“栏目简介”。

题二

杨绛声明

近来传出某公司很快要拍卖钱钟书、我以及钱瑗私人书信一事，媒体和朋友很关心我，纷纷询问，我以为有必要表明态度，现郑重声明如下：

一、此事让我很受伤害，极为震惊。我不明白，完全是朋友之间的私人书信，本是最为私密的个人交往，怎么可以公开拍卖？个人隐私、人与人之间的信赖、多年的感情，都可以成为商品去交易吗？年逾百岁的我，思想上完全无法接受。

二、对于我们私人书信被拍卖一事，在此明确表态，我坚决反对！希望有关人士和拍卖公司尊重法律，尊重他人权利，立即停止侵权，不得举行有关研讨会和拍卖。否则我会亲自走向法庭，维护自己和家人的合法权利。

三、现代社会大讲法治，但法治不是口号，我希望有关部门切实履行职责，维护公民的“通信自由和通信秘密”这一基本人权。我作为普通公民，对公民良心、社会正义和国家法治，充满期待。

2013年5月23日

（编者注：杨绛是著名作家钱钟书的夫人，我国著名作家、翻译家和外国文学研究家。生于1911年7月17日，2016年5月25日逝世，享年105岁。2013年5月，北京一家拍卖公司宣称，将于同年6

月 21 日在北京拍卖钱钟书、杨绛信件及手稿，立刻遭到了杨绛的强烈反对，杨绛在《光明日报》上发表如上公开声明）

1. 文中配图为杨绛与钱钟书先生、女儿钱瑗的合影。上网收集相关资料，根据作者生平事迹、声明文本及“编者注”为图片拟写一个主题词。

2. 杨绛声明在写作上都有哪些特点？

3. 就校内外涉及自己的某个事项，参照上述声明写法或下列《关于反腐败的声明》格式拟写一份声明。

关于反腐败的声明

华为认为商业腐败行为影响市场公平竞争，对社会、经济以及企业的自身发展都有着十分恶劣的影响。华为坚持诚信经营，恪守商业道德，遵守业务所在地所有适用的法律法规，对腐败行为持“零容忍”态度。

华为采取积极有效的措施，并建立相关管理体系，防范商业腐败行为。华为要求所有华为员工或代表华为从事商业行为的实体和个人不得以任何直接或间接的方式向公职人员或其他实体和个人行贿以获取商业机会。如有供应商、代理、顾问及其他商业伙伴（以下简称合作伙伴）基于同样目的向华为员工做出上述行为，员工必须予以拒绝并向公司报告。在与合作伙伴展开业务合作时，华为通过协议条款及相应的监控程序要求合作伙伴也遵从华为的反腐败政策并对其行为进行约束。

本声明适用于华为技术有限公司及其全球范围内直接或间接控股的子公司和分支机构。

华为技术有限公司首席合规官　宋柳平

——华为技术有限公司《关于反腐败的声明》

题三

研究下列某电商网站方案，完成后面的学习任务。

云南德宏的村官
本是城里长大的孩子
来到陌生的景颇山寨
不知所措
突然感到自己必须做点什么
于是他租了一片山林
在山林里放养了一些土鸡
土鸡在山林里自由觅食从放养成长到下蛋
需要更长的时间
村官把土鸡送给亲戚朋友尝一尝
大家都对土鸡赞不绝口
村官向市场销售土鸡
供不应求
村官试着动员村民在自家果园林地荒山放养土鸡
一家两家三家四家
越来越多村民加入
村民的生活因土鸡得到了改善
村官的梦想与执念源于此
大家给村官的土鸡起了一个名字
——村官鸡

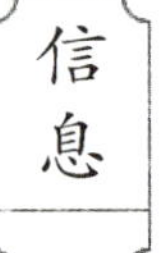

【品　　牌】村官鸡

【品　　名】农家散养公鸡

【产　　地】云南·瑞丽·勐秀乡

【重　　量】1 300~1 600克/只

【日　　龄】150天

【包　　装】1只/礼盒装

【储存方法】冰箱冷冻

产品特点　天然无污染，营养价值高

有机认证　产自云南勐秀乡山村农家散养户，无公害农产品认证

产品口感　肉质鲜美，口感细腻有韧性

优势

海拔1 200米 生态产地

“鸡舍”坐落于海拔1 200米的勐秀山，广阔的山林，空气新鲜

当地散养户用自家粮食喂养土鸡

天然土鸡在农家散养户自由成长，无公害生态养殖，鸡蛋安全健康，营养丰富

活鸡现杀，当天发货时加冰袋与恒温泡沫箱，再加外箱，
运输途中保鲜5天左右，保证新鲜健康

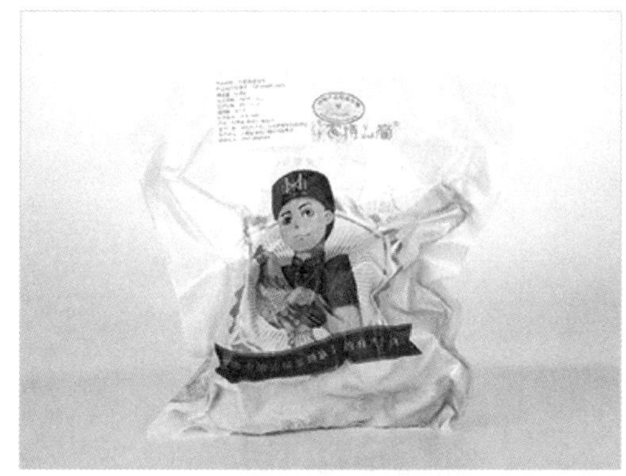

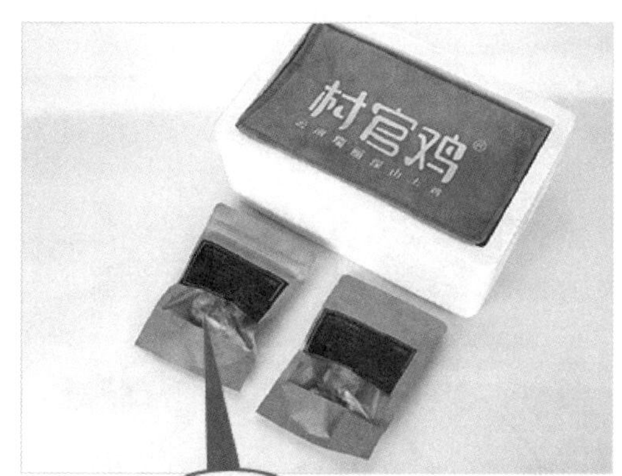

买土鸡送云南本土特色调料包

购买土鸡赠送特色调料包（酸木瓜炖鸡调料包或药补砂仁炖鸡调料包）

注：下单时在订单上备注或告知在线客服备注，若没有备注的将随机发货

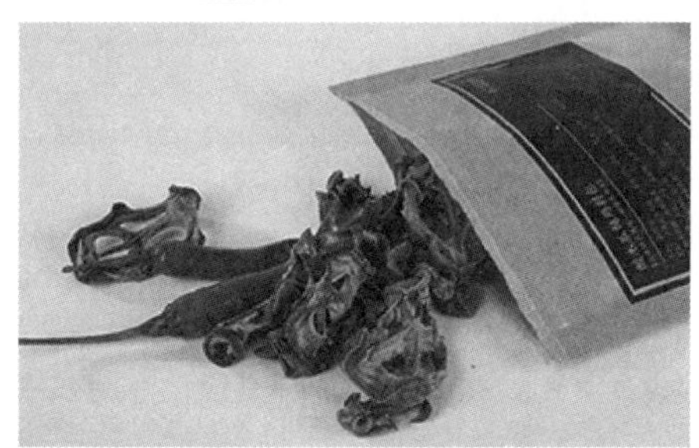

酸木瓜炖鸡调料包

药补砂仁炖鸡调料包

资质

农民专业合作社法人营业执照

注册号 533102NA000090X

名　　称　瑞丽市户瓦山土鸡养殖专业合作社

住　　所　瑞丽市勐秀乡户瓦村金碗村民小组

法定代表人姓名　段必清

成员出资总额　伍佰陆拾万元整

业务范围　家禽养殖、销售；水果种植（以上经营范围中涉及国家法律、行政法规规定的专项审批，按审批的项目和时限开展经营活动）

登记机关

年　月　日

动物防疫条件合格证

（　）动防合字第　号

代码编号：

单位名称：

法定代表人（负责人）：

单位地址：

经营范围：

根据《中华人民共和国动物防疫法》规定，经审查，动物防疫条件合格，特发此证。

发证机关（盖章）

年　月八日

云南省产品质量监督检验研究院
检 验 报 告
TEST REPORT

№: SP201602589 共3页第1页

样品名称 Name of Sample	村官鸡	检验类别 Test Purpose	委托检验
商标 Trade Mark	/	委托书号 Number of Client	SP201602589
样品批号 Original Number	/	生产日期 Date of Production	/
型号规格 Type	/	样品等级 Grade	/
生产单位 Produced by	瑞丽市户瓦山土鸡养殖专业合作社		
受检单位 Supplier	瑞丽市户瓦山土鸡养殖专业合作社		
来样方式 Method of Received	送样	样品状态 Status of Sample	真空塑料袋封装。
抽样基数 Base of Sample	/	抽样单号 No. of Sampling	/
样品数量 Sum of Sample	4.1kg(3只)	检验项目 Test Item	详见附页
到样日期 Date of Received	2016-4-21	检验日期 Date of Testing	2016-4-21 — 2016-5-6
检验/判定依据 Test/Judgement Standard	GB 16869-2005《鲜、冻禽产品》（冻禽产品）		
检验结论 Conclusion	根据GB 16869-2005《鲜、冻禽产品》（冻禽产品）检验，检验数据详见附页。 签发日期 Date of issue: 2016-5-10		
备注 Comment	说明：与样品相关的信息为样品明示标识或委托方提供。 1．脂肪仅出检验数据。		
委托单位信息 Client's Message	名称 Name	瑞丽市户瓦山土鸡养殖专业合作社	
	地址 Address	云南省德宏州瑞丽市勐秀乡户瓦村金碗村民小组	
	邮编 Zip Code	/	电话 Telephone 13035952222

批准：Approved by: 冯雷　审核：Checked by:　主检：Tested by:

云南省产品质量监督检验研究院
检验报告附页

№: SP201602589 共3页第2页

序号	检测项目	单位	标准要求	检测结果	单项判定
1	组织形态	/	肌肉指压后凹陷部位恢复较慢，不易完全恢复原状	肌肉指压后凹陷部位恢复较慢，不易完全恢复原状	合格
2	色泽	/	表皮和肌肉切面有光泽，具有禽类品种应有的色泽	表皮和肌肉切面有光泽	合格
3	气味	/	具有禽类品种应有的气味，无异味	气味正常，无异味	合格
4	加热后肉汤	/	透明澄清，脂肪团聚于液面，具有禽类品种应有的滋味	透明澄清，脂肪团聚于液面，滋味纯正	合格
5	淤血[以淤血面积（S）计]	cm^2	S>1：不得检出　0.5<S≤1：片数不得超过抽样量的2%　S≤0.5：忽略不计	未检出	合格
6	异物	/	不得检出	未检出	合格
7	冻禽产品解冻失水率	%	≤6	1.5	合格
8	挥发性盐基氮	mg/100g	≤15	7.4	合格
9	总汞（以Hg计）	mg/kg	≤0.05	<0.01	合格
10	铅（以Pb计）	mg/kg	≤0.2	<0.05	合格
11	总砷（以As计）	mg/kg	≤0.5	<0.03	合格
12	六六六	mg/kg	脂肪低于10%：≤1	未检出（检出限0.6μg/kg）	合格
13	滴滴涕	mg/kg	脂肪低于10%：≤2	未检出（检出限1.0μg/kg）	合格
14	敌敌畏	mg/kg	≤0.05	未检出（检出限0.010mg/kg）	合格
15	四环素	mg/kg	≤0.25	未检出（检出限0.0500mg/kg）	合格
16	金霉素	mg/kg	≤1	未检出（检出限0.0500mg/kg）	合格
17	土霉素	mg/kg	≤0.1	未检出（检出限0.0500mg/kg）	合格

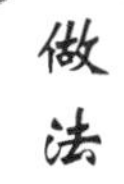

做法

爆炒鸡做法

主料：鸡

配料：油、盐、酱油、大芫荽（形态和香菜完全不一样，是比普通香菜味道更加浓郁的香菜）、大蒜、草果、朝天椒、葱、生姜、米酒、味精等

制作流程：

1. 将鸡洗净，剁成小块。
2. 将配料盐、酱油、大蒜、辣椒、生姜、米酒、味精依次放入备好的鸡块里。
3. 将鸡和配料用筷子翻拌均匀。
4. 将盖子盖在上面腌制 20 分钟。
5. 热锅。
6. 倒入适量油、草果、辣椒（根据个人口味）、花椒（根据个人口味）爆炒。
7. 倒入腌制好的鸡块。
8. 翻炒均匀盖上锅盖焖烧 3 分钟左右，拿起锅盖翻炒一下，在炒的过程中如果鸡比较老需要炒久一点，锅比较干的时候可少加一点温开水，以免炒干鸡肉。
9. 当鸡肉炒熟后，放入大芫荽、葱翻炒一下出锅装盘。

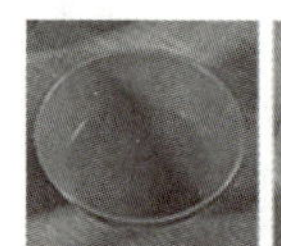
米酒

大芫荽

生姜

葱

草果

朝天椒

大蒜

盐

木瓜鸡做法

主料：鸡
配料：油、盐、味精、草果、大芫荽、木瓜干、大蒜、辣椒、葱、生姜

制作流程：
1. 将鸡洗净，剁成小块。
2. 温锅。
3. 倒入适量油烧热。
4. 将生姜、大蒜、草果、辣椒翻炒出香后倒入鸡块。
5. 翻炒 3 分钟左右倒入盐、味精继续翻炒。
6. 将鸡抽干水分炒至变成白色后，倒入没过鸡的开水。
7. 盖上锅盖炖 5~8 分钟后倒入木瓜干、辣椒、草果。
8. 翻炒一下，待鸡肉完全熟透加入葱、大芫荽出锅装盘。

木瓜干

大芫荽

生姜

葱

草果

辣椒

大蒜

盐

柠檬手撕鸡做法

主料：鸡

配料：盐、大芫荽、香菜、大蒜、辣椒、葱、生姜、味精、新鲜柠檬等

制作流程：

1. 将鸡洗净，剁成大块。
2. 将鸡块放入汤锅，倒入没过鸡的水，加入盐、味精、草果、生姜盖上锅盖直至将鸡肉煮熟。
3. 倒掉热水待鸡肉温度降下来，用手将鸡肉从骨头上一块一块撕下来。
4. 将撕下来的鸡肉倒入拌菜盘，加入辣椒末、生姜末、大蒜末、大芫荽、香菜、新鲜挤出的柠檬汁将其调拌均匀装盘。

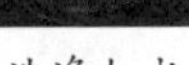

洗净加水

加料煮熟

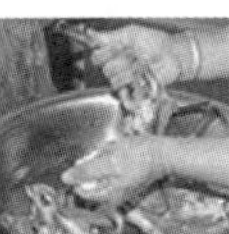

手撕鸡

加香菜和葱

挤柠檬汁

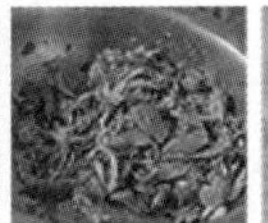

调拌均匀

起锅装盘

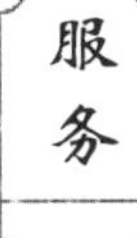

购物须知

1. 本店默认发中通航空快递，全国大部分城市 48 小时之内到货、偏远城市 72 小时之内到货（偏远 6 省除外）。
2. 发货时间一般为下单后的 48 小时内。
3. 活鸡现杀，当天发货时加冰袋与恒温泡沫箱，再加外箱，运输途中保鲜 5 天左右，保证新鲜健康。
4. 收货时请开箱验货，无问题再签收。若因外箱严重破损或快递延误发现腐烂变质，请立即联系客服帮您处理，保证您购物零风险。
5. 发货后因多次联系不上收货人或送货地址无人签收，导致生鲜变质，将不处理售后，请您务必正确填写收货信息，且保持手机畅通。
6. 生鲜食品一经发出不接受退换货，请您认真阅读宝贝描述，如有不明确问题请咨询客户。

冷冻肉常见问题解答

1. 鸡肉是冷冻的吗?
我们出售的所有鸡肉都是从农户家收来，检疫后统一屠宰，4 小时内 0~4 ℃排酸，-48 ℃速冻，第一时间锁住鸡肉鲜美，抑制细菌生长。

2. 运输途中有软化问题吗?
产品在运输过程中会缓慢软化，属于正常现象，但不会坏掉，请介意者慎拍，收到产品后及时放入冰箱冷冻。

3. 为什么包装内有水?
因为肉类产品中的水分在速冻后析出，无质量问题。

1. 该文案从某电商网上直接下载，未作任何编辑处理。所以存在错别字、标点符号使用不规范及排版不当等问题，找出来并改正。

2. 该“村官鸡”推介由哪几个部分组成？主要特点有哪些？

3. 就自己最喜爱的某种物品，上网搜索相关资料，模仿上述“村官鸡”文案结构和呈现方式，运用 PPT 或 Word 为其做一个图文并茂的推介文案，并在班级内进行宣讲。（也可以以小组为单位进行）

题四

《泰坦尼克号》剧情简介

影片以 1912 年泰坦尼克号邮轮在其处女航时与冰山相撞而沉没的事件为背景，描述了处于不同阶层的两个人——穷画家杰克和贵族女露丝抛弃世俗偏见坠入爱河，最终杰克把生存的机会让给了露丝的感人故事。影片由美国20世纪福克斯公司和派拉蒙影业公司于1994年共同出资拍摄完成，由詹姆斯·卡梅隆创作、编辑、制作、导演及监制，莱昂纳多·迪卡普里奥、凯特·温斯莱特主演。

1912年4月10日，号称“世界工业史上的奇迹”的豪华客轮泰坦尼克号开始了自己的处女航，从英国的南安普顿出发驶往美国纽约。17岁的头等舱乘客露丝（凯特·温丝莱特饰演）与她的未婚夫卡尔（比利·赞恩饰演）、露丝的母亲（弗兰西丝·费舍饰演）、卡尔以及露丝的仆人登上了泰坦尼克号。另一边，在赌博中赢得船票三等舱的乘客杰克·道森（莱昂纳多·迪卡普里奥饰演）和他的朋友法布里·奇欧（丹尼·努齐饰演）也上了船。露丝厌倦了上流社会虚伪的生活，不愿嫁给卡尔，打算投海自尽，被杰克救起。很快，美丽活泼的露丝与英俊开朗的杰克相爱，杰克带露丝参加下等舱的舞会，为她画像，二人的感情逐渐升温。

卡尔发现了杰克为露丝所绘的人体素描草图，与“海洋之心”一起放于他的保险箱内，他很愤怒，指示仆人对杰克栽赃嫁祸。此时，泰坦尼克号撞上了冰山。泰坦尼克号设计师托马斯·安德鲁斯向船员表示，由于有5个舱进水，所以泰坦尼克号将会在1~2小时内沉没。当露丝和卡尔准备登上救生艇的时候，露丝决定去寻找杰克，结果在警卫室找到他，他被手铐锁在一条水管上，露丝找不到能打开手铐的钥匙，几经周折才找到一把消防斧，她用斧头劈断手铐后与杰克一起逃生。泰坦尼克号上一片混乱，危急之中，人类本性中的善良与丑恶、高贵与卑劣更加分明。

很快，巨轮从中间断裂，船尾成竖直下沉，很多乘客因此从高处跌下，杰克和露丝互相紧抓对方，但因为水的冲力太强而松开了。杰克后来找到露丝，他们发现了一扇漂浮在海上的门板，但门板只能容纳一人的重量，因此杰克把生存的机会让给了爱人露丝，自己则在冰海中被冻死。露丝悲痛欲绝，但她答应杰克要好好活下去，最终被人救起。之后她过着平静的生活，结婚生子。直到73年后的1985年，泰坦尼克号遗骸在北大西洋两英里半的海底被发现，美国探险家洛维特在船上发现了一幅画，这幅画中的少女正是当年的露丝，这段尘封的往事才被揭开。已是101岁高龄的露丝在讲完这段埋藏在自己心中的悲壮的爱情故事后，把那串价值连城的项链“海洋之心”沉入海底，让它陪着杰克和这段爱情长眠海底。

1. 要写好剧情简介，不仅仅是作为普通观众将该影片观赏一遍，而是要反复研究该影片的主题、情节、细节以及将其串起来的线索。换句话说，就是首先要彻底弄明白该影片的事理，才能写出一个符合导演意图并能打动读者的简介。请说说，该剧情简介在写作上有哪些突出的特点？

2. 就文中配图，拟写一个主题词。要求：能概括巨轮沉没和爱情永恒两者之间的关系；言简意赅，有表现力；不超过15个字。

3. 就自己所读的一本书（类型不限），参照上述文本的写作特点，写一篇“《×××××》内容简介”，500字左右，配图。

学以致用

认真研究下列材料，按要求完成后面的学习任务。

人员进出洁净区更衣管理规程

目的：使人员进出洁净区的过程规范化、合理化。

范围：本规程适用所有人员进出洁净区的整个过程。

责任：生产部技术人员负责本规程的起草、修订。生产负责人和质保部部长负责本规程的审核。质量受权人负责本规程的批准。所有进出洁净区人员落实，生产部长及车间主任监督实施情况。

内容：

1 人员按《人员进出一般生产区更衣管理规程》进入一般生产区。

2 注射剂车间生产时人数控制。

2.1

注射剂车间仅限于本车间生产人员、生产和质量管理人员、维修人员和经批准的其他人员进入，原则上外来人员不允许进入B级洁净区。

2.1.1

C级洁净区生产时，该区域内总人数不超过22人，外来人员不超过4人。

2.1.2

B级洁净区生产时，区域内总人数不超过11人，外来人员不超过2人。

2.1.3

更衣室人数控制：C级洁净区和B级洁净区更衣间同时更衣人数不超过

2人。

2.1.4

主要操作间人数控制：灌装间生产时，室内人数不超过7人；轧盖间生产时，室内人数不超过4人。

2.2

进出C级洁净区程序。

2.2.1

进入一般生产区走廊后，开门进入缓冲间（一），关好门，观察压差是否≥10 Pa，如不符合上报车间。

2.2.2

分别进入男、女脱衣换鞋间，打开各自的衣柜，脱白大褂、白帽及其他衣物，脱至内衣、裤，存放在各自的衣柜，关好柜门。

2.2.3

洗手，打开水龙头充分润湿整个手及手腕上方5 cm处。用手指挤出适量洗手液至另一手掌心；双手手心相互搓洗3次，右手心搓洗左手背3次，左手心搓洗右手背3次；手指交叉，右手搓洗左手指缝、左手搓右手指缝各3次，指尖搓洗手心3次，左右手相同；一只手握住另一手的拇指搓洗3次，左右手相同；一只手握住另一手的手腕搓洗3次，左右手相同。伸手放入水龙头下面，让水冲洗双手，上下翻动摩擦直到双手感觉不再滑腻为止，关上水龙头。在水池内甩掉手上的水珠再至自动烘手机下方约8 cm处伸开手掌上下翻动双手，烘干。佩戴眼镜者，将眼镜取下，取适量洗手液对眼镜各部位进行清洗，冲洗干净后，在水池内甩干，再至烘手机烘干。

2.2.4

坐在鞋柜上，脱一般区工作鞋存放于规定鞋格内，抬脚俯身从内侧鞋格里取出洁净鞋穿上。双手伸入消毒器的喷孔下方约15 cm处，用75%酒精喷洒双手，同时双手上下翻动及十指交叉摩擦至完全润湿；戴眼镜者应先将眼镜用75%酒精喷洒后再将手消毒。

2.2.5

用手按下门把手，开门进入男（女）更洁净衣间，进门后用手按住门把手关好门；打开各自的衣柜取出装有白色洁净内衣、裤及内帽的白色洁净防静电无尘布袋，戴好无菌内帽（内帽应遮盖所有头发），穿无菌上衣，再坐在步步高上穿好内裤，将上衣扎在工作裤内。取出装有白色洁净外衣的白色无菌防静电无尘布袋，先穿二连体上衣，再坐在步步高上穿二连体工作裤，将上衣扎在工作裤内，然后戴口罩，口罩应盖住鼻梁和下巴。对镜子检查是否穿戴整齐，帽子应盖住全部头发。

2.2.6

坐在鞋柜上，脱洁净鞋存放于规定的鞋格内，转身从内侧鞋格内取出C级工作鞋穿上，用手按下门把手，开门进入C级洁净区缓冲间（二）。双手伸入消毒器的喷孔下方约15 cm处，用75%酒精喷洒双手，同时双手上下翻动并且十指交叉摩擦至完全润湿。戴眼镜者应先将眼镜用75%酒精喷洒后再将手消毒。用手按下门把手开门进入C级洁净区走廊，进入后用手按住门把手关好门。

2.2.7

离开本区程序相反，可不必洗手消毒。生产中暂时离开生产区时：工衣存放于男（女）更洁净衣间规定的衣柜内。生产结束或本次生产不再进入时：换洗的工衣置于男（女）更洁净衣间不锈钢工衣回收桶内，工衣不能翻脱。

2.3

进入A/B级洁净区程序。

2.3.1

按2.2.6程序进入C级洁净区走廊。

2.3.2

用手按下门把手进入缓冲间（三），进去后用手按住门把手关好门，戴手套。取无菌乳胶手套时查看包装是否完好（外包装应完好），拆开外包装，戴好手套并包住袖口，不能裸手接触无菌手套外表面，戴好后双手伸入消毒器的喷孔下方约15 cm处，用75%酒精喷洒双手，同时双手上下翻动并且十指交叉摩擦至完全润湿。戴眼镜者应先将眼镜用75%酒精喷洒后再戴手套，将手消毒。

2.3.3

用手肘按下门把手开门进入穿无菌衣间，进门后用手肘按住门把手关好门；在黄色线外脱下 C 级洁净区工作鞋，站在两层更衣台下层处，从挂衣架的上排取粉红色无菌防静电无尘布袋，从袋内取出粉红色四连体无菌衣，手只能接触无菌衣内表面（避免接触衣服外表面），在更衣台按从下到上的顺序穿戴，系好内腰带，拉好拉链，扣好衣领扣；从挂衣架的下排取蓝色无菌防静电无尘布袋，从袋内取出无菌鞋套穿好（避免用手接触鞋套外表面），然后从粉红色无菌防静电无尘布袋内取出口罩对镜戴好（避免用手接触口罩外表面），应盖住鼻梁和下巴，再戴防护镜，对镜检查是否穿戴整齐。

2.3.4

用手肘按下门把手开门进入缓冲间（四），进去后用手肘按住门把手关好门，戴手套。取无菌乳胶手套时查看包装应完好，拆开外包装，戴好手套并包住袖口，手不能接触无菌手套外表面，戴好后双手伸入消毒器的喷孔下方约 15 cm 处，用 75% 酒精喷洒双手，上下翻动并且十指交叉摩擦至完全润湿。用手肘按下门把手进入 B 级洁净区，进入后用手肘按住门把手关好门。

2.4

出 B 级洁净区程序。

2.4.1

按出口标示，进入缓冲间（五），关好门，进入脱无菌衣间，取下防护镜，放入不锈钢盘内，再脱下鞋套放入工鞋回收桶内并穿好 C 级洁净区工作鞋，脱粉红色无菌服放入工衣回收桶内，工衣不能翻脱。进入缓冲间（六），随手关门，进入 C 级走廊，并随手关门。

2.4.2

按 2.2.7 出 C 级洁净区。

2.5

进出相应洁净区时应注意：如有报警不能开门，待报警停止再开门。

——选自佰伦净化《人员进出洁净区更衣管理规程》

任务 1. 阅读该文件“2.2 进出 C 级洁净区程序”，按照下列模型（可修改），绘制工艺流程图，在方框中填入关键词，需备注的信息标注在关键词方框外对应位置。流程图模型如下：

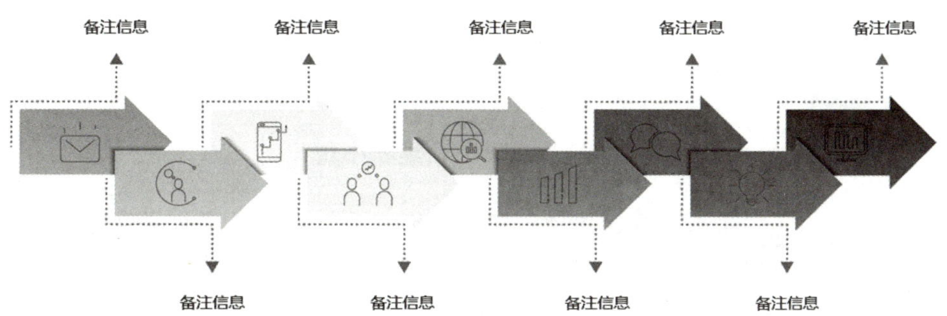

任务 2. 根据自己所学专业，从专业教科书中选择一个完整而具有代表性的工件，就其加工过程制作一个工艺流程图；或上网搜索一个现代企业专业工作岗位生产流程图，就其运作过程用文字进行描述。将上述成果制作成 PPT，在老师主持下，向全班同学阐述，并接受同学的质疑、意见和建议。

任务 3. 以 3 人为一组，上网搜集自己所学专业领域的标志性人物和事件。例如电气领域，从美国的富兰克林发现电流、意大利教授伏特发明电池、英国的法拉第发明发电机和电动机，到美国的莫奇利和艾克特发明电子计算机、基尔比发明集成电路，到如今的“阿尔法狗”人机大战、物联网技术。以“××× 领域科技发展简介”为题，写一篇资讯报告，简要介绍相关人物、事件在该领域科技发展过程中的作用和意义。要求：内容真实，表述准确，详略得当，条理清晰，图文并茂，字数控制在 1 500 字左右（有条件的同学，可制作成 PPT 或配音版 MP4）。经学校相关专业老师的技术审核后，上传到学校网站的专门栏目，或者在自己的 QQ、微信、微博等自媒体发表。主动收集反馈意见，就这件作品从策划到发布整个过程的立意、制作、得失进行总结。

自我测试

题一

柔石小传

柔石，原名平复，姓赵，以一九〇一年生于浙江省台州宁海县的市门头。前几代都是读书的，到他的父亲，家景已不能支，只好去营小小的商业，所以他直到十岁，这才能入小学。一九一七年赴杭州，入第一师范学校；一面为杭州晨光社之一员，从事新文学运动。毕业后，在慈溪等处为小学教师，且从事创作，有短篇小说集《疯人》一本，即在宁波出版，是为柔石作品印行之始。一九二三年赴北京，为北京大学旁听生。

回乡后，于一九二五年春，为镇海中学校务主任，抵抗北洋军阀的压迫甚力。秋，咯血，但仍力助宁海青年，创办宁海中学，至次年，竟得募集款项，造成校舍；一面又任教育局局长，改革全县的教育。

一九二八年四月，乡村发生暴动。失败后，到处反动，较新的全被摧毁，宁海中学既遭解散，柔石也单身出走，寓居上海，研究文艺。十二月为《语丝》编辑，又与友人设立朝华社，于创作之外，并致力于绍介外国文艺，尤其是北欧、东欧的文学与版画，出版的有《朝华》周刊二十期，旬刊十二期，及《艺苑朝华》五本。后因代售者不付书价，力不能支，遂中止。

柔石有子二人，女一人，皆幼。文学上的成绩，创作有诗剧《人间的喜剧》，未印；小说《旧时代之死》《三姊妹》《二月》《希望》；翻译有卢那卡尔斯基的《浮士德与城》，戈理基的《阿尔泰莫诺夫氏之事业》及《丹麦短篇小说集》等。

［编者注：本文作者为鲁迅，原文有删改。1931 年 1 月 17 日，“左联”作家李伟森、柔石、胡也频、冯铿、殷夫五人遭反动派逮捕，二月七日被国民党秘密杀害于上海龙华。为了揭露国民党的法西斯暴行，鲁迅主持出版了“左联”秘密刊物《前哨》（纪念战死者专号），写了《柔石小传》《中国无产阶级革命文学和前驱的血》等文章］

1. 文中配图为柔石肖像。请根据文意，为其拟写一则墓志铭。

2. 上网搜集一位已故的共和国英烈（或劳动模范、“大国工匠”）的相关生平事迹，参照上述文本结构，为其写一篇小传。

题二

为父母或某一位好友的生日策划一个可实施的“庆生活动方案”（无须事先征询当事人意见）。方案主要包括活动主旨、时间、地点、全部参与人及各自分工、活动前期准备、活动流程及要点、注意事项等等。如果当事人本年生日尚未来到，可以据此实施，看实施效果是否符合预期；反之则将策划文案提交给当事人并当面进行解说，看能否激发其意外之喜和期待之情。

题三

“是真的吗”是一档由中央电视台财经频道 2013 年全力研发的大型互动求证节目。节目携手电视观众与广大网友，通过各大新媒体共

同互动求真，对网络流言进行专业验证与权威实验。该节目中有一个环节叫作“真假·实验室”，请通过网络搜索相关视频，选择其中你有兴趣且安全可行的一个项目，在家里亲手跟着学做。在此基础上，请你就该项目的实验方法、流程及相关原理以“××项目实验报告”为题，写一个文案向班级同学推介。推介时最好参照央视节目中的实验者，边做边说，同时使用 PPT 辅助表达（禁止直接使用央视视频）。

题四

陈皮是一味中药，其实就是橘子皮干燥而成；以陈久者为佳，故称陈皮，有“百年陈皮赛黄金”一说。传统中医药学认为，陈皮味辛、苦，性温，具有理气健脾、和胃止呕、燥湿化痰、镇咳利尿等功效，特别适合于长夏湿热邪气困扰脾胃而引起的消化功能减弱，出现脘腹胀满、食欲不振、口淡无味等症状的患者。服用也很简单，取 3~5 克煎汤内服，也可以开水泡喝。下面是 2017 年 12 月 8 日《文汇报》上刊载的陈皮制作流程。认真阅读，按要求解决后面的问题。

1. 采摘

柑青皮农历立秋至寒露采收，微红皮农历寒露至小雪采收，大红皮农历小雪至小寒采收。

2. 开皮

用正三刀法或对称二刀法。

3. 翻皮

选择晴朗天气，将已开好的鲜果皮置于当风、当阳处，使其自然失水萎蔫，质地变软后翻皮，使果皮皮白向外。

4. 晒皮

选择晴朗、干燥天气，将已翻好的果皮置于晒场内自然晾晒至干燥。

5. 陈化

自然条件下陈放 3 年以上。

陈皮可以自制，但上述介绍只是一个概要。请上网搜索相关资料，对诸如“正三刀法”“晒皮”“陈化”等名词进行深入而科学的解释。在此基础上，绘制一个包括工艺原理、操作细节在内的家庭自制陈皮的工艺流程图，并根据此图在家自制陈皮以供自用。

课外活动

活动名称：学习成果报告会

活动主题：事理与过程

活动目标：能够通过学习成果报告的形式培养和提升自己按照事理说明过程并最大限度地获得他人认可的能力。

活动时间：单次 90 分钟（可连续多次，或作为常规学习活动之一）

活动准备：

1. 在教师组织下，按自愿原则成立学习小组，每个学习小组 3 ～ 5 人，选出组长。

2. 各组在组长召集下，就本课学习所产生的成果，拟定一个主题或线索，将相关成果串联起来，编辑成册（电子版）。

3. 就编定的小组“学习成果汇编”拟定一个书名，然后就书中每项成果作出文字简介，经讨论修改完善后，做出汇报用PPT。PPT制作要求：提纲挈领、图文并茂、版面美观。

4. 选出一个主讲人，一个主讲人助理。

5. 选择合适的电脑机房，准备好投影设备等相关器材。

6. 将各组制作好的PPT事先拷入电脑。

活动步骤：

步骤1：教师宣布今天的活动主题和程序。

步骤2：各小组主讲人依序在PPT的辅助下，宣讲所在小组的学习成果，及其在学习中获得的感悟等，时间控制在5分钟左右。

步骤3：其他各组及教师就宣讲内容、PPT制作等有疑问的地方（包括细节），向主讲人提问；主讲人可以自己回答，也可以由主讲助理或小组其他成员回答。

步骤4：各小组汇报完毕，教师组织全班同学，以无记名投票方式公开选出最佳主讲、最佳答辩、最佳PPT制作。（凭印象投票，无须精确评价）

步骤5：就所选出的三项最佳，教师或学生代表进行点评。

步骤6：课后，经修改完善后，所选最佳作品由教师推荐到学校网站专栏发表，鼓励学生自己将作品通过自媒体发布。

活动小结：这既是一次学习成果的展示，又是一次按照既定的事理逻辑对我们的学习过程进行梳理总结的高级学习活动。要做好一件事，需要知识积累，更需要运用知识的方法和经验，还需要经得起他人的质疑和检验。从中，我们不但可以发现学习过程中存在的问题，而且可以锤炼我们恰当表达、有效表达等参与社会生活所需的基本能力，提升我们说明事理和过程的方法应用水平。因此，我们在各种场合，对所遇到的各种问题，都要有意识地运用合适的方法，充满自信地阐述我们所做事情的事理、过程及其社会意义。

第四课 观点与论述

学习目标

1. 能够基于一定立场和标准，就某一事实、现象等提出自己的观点或见解，并进行具有逻辑性和说服力的简要阐述。

2. 能够借助议论、叙述等主要表达方法，按照“观点 + 理由”的模式，将社会参与所需传递的信息，准确、规范地表达出来。

3. 能够按照“立意—构思—写作—修改—应用”的流程，根据应用场景，借助合适形式，对所表达内容进行精细处理。

翻转课堂

在具体的社会参与中，我们都会有自己的观点或主张，并且希望他人能够认可、接受。这就是本课要学习的观点与论述。在中国历史上，就个人观点进行论述并大获成功的最著名案例，大概要算战国时期李斯所写的《谏逐客书》了。

公元前 246 年，韩国水利专家郑国帮助秦国修建水渠。这其实是韩王试图借一项浩大的水利工程在经济上拖垮秦国，使之无力吞并韩国的“疲秦”之计。后来，秦王察觉该计，遂下达了逐客令，限期将秦国国内所有外来宾客驱逐出境，已是秦王重臣的楚国客卿李斯也在被逐之列。临行前，李斯给秦王写下了《谏逐客书》，开篇就说：臣认为逐客令是错误的。然后，李斯从统一天下的角度，多方论述了任用天下客卿对秦国的好处和驱逐客卿的弊端，进而得出“驱逐客卿，就是用自己的人才去资助敌国，对内会造成空虚，对外会树立怨仇。这样，想要国家没有危难，是不可能的”结论。秦王读后，不但收回了逐客令，还恢复了李斯的官职。

提出一个观点容易，但要使之具有针对特定对象的说服力却并不容易。李斯的成功，绝不是简单的能言善辩，而是将客卿的利益和秦王统一天下的志向融为一体。他首先列举秦国先王借助客卿之力而逐步崛起的历史史实，接着批评秦王“重物轻人”的现实错误，再从国家兴亡的角度分析君王用人的事理。整个论述，不但令秦王无力辩驳，还激起其“王者不却众庶”的战略思维。

所以，观点的力量来自坚实的论述。坚实的论述不但能将观点内涵阐述透彻，更能以理性的分析揭示观点和人、事、物之间的有机联系，尤其是因果联系。这就是说服力的奥秘所在。

下面，我们来做几道测试题。做题没有时间限制，但需要注意的是，多想一想：这样考虑的理由是什么？如果被他人质疑、反驳，能自圆其说、据理力争吗？

1. 参照下列示例，回答后面的问题。

示例：数学家说，1 个素数 +1 个素数 =1 个偶数（哥德巴赫猜想）

化学家说，1 个碳元素 +1 个氧元素 =

物理学家说，1 滴水 +1 滴水 =

管理学家说，1 个人 +1 个人 =

社会学家说，1 个男人 +1 个女人 =

法学家说，1 个绑架者 +1 个受害者 =

2. 你赞成下列例子中小明的反诘吗，为什么？

小明在自习时间大声喧哗。

班长：小明，自习时间请不要讲话！

小明：你不也在讲话？

3. 下列结论是否正确，为什么？

丢了一颗钉子，坏了一只蹄铁；坏了一只蹄铁，折了一匹战马；折了一匹战马，死了一位骑士；死了一位骑士，输了一场战斗；输了一场战斗，亡了一个帝国！因此，不丢钉子就能保全帝国。

4. 类似下面这句话，经常出现在各类书籍、文章中，你认同这种说法吗？为什么？

王宝强从一个农民工成为一个著名演员的例子，充分说明一个人只要有志向、肯努力，就一定能够成功。

5. 下列说法是错误的，你能说出错在哪里吗？

雷锋帮助别人是为了满足自己助人为乐的愿望，所以雷锋也是自私的。

6. 某同学因上课总是做一些与课程无关的事而经常被老师批评。有好友劝他，该同学回答：走自己的路，让别人去说吧。你赞成这位同学的回答吗？为什么？

7. 填空：在信息多元化的21世纪，上网浏览商品信息、选择商品并完成购物，已经成为许多消费者的习惯。这恰恰体现了电子商务的价值之一，就是通过互联网进行网上购物、网上支付，节省了消费者与商家的时间和空间，提升了________________________________。

8. 下列两句俗语是否矛盾，请作简要的分析。

便宜没好货，好货不便宜。

物美价廉。

9. 作家郑渊洁有句名言：老虎没了虎性就不吃人，人没了人性就吃人了。请列举出一个例子，证明这个观点是成立的。

10. 强烈地震后的海啸即将来临，10位旅行者被困在太平洋中的一个小岛上，这时来了一架救援直升机，遗憾的是直升机只能乘坐4人，且只能救援一次——没有任何其他救援措施了。如果你是该次救援的最高指挥者，你会让哪4位旅行者登机离开？这10位旅行者是：

50岁的欧洲某国国会议员、48岁的跨国公司董事长、55岁的受人尊敬的作家、19岁的当红女歌星、28岁已有4个月身孕的影星和她33岁的导演丈夫、有3个妻子10个孩子的46岁非洲部落酋长、43岁的女教授和她2个未成年的孩子。

上述测试的目的，是检验我们日常的思考、表达是否能反映事物间合理的内在联系。只要我们能自圆其说，并得到多数同学的基本认可，就说明我们是善于思考、理性表达的人。如果经常做到这样，那我们在社会参与过程中所表达的观点和主张就能最大限度地得到认可、接受和采纳。

知识与方法

观点，是指从一定的立场或出发点观察人、事、物而形成的看法。也就是说，面对同样的人、事、物，如果观察者所处的立场或出发点不同，形成的看法就不同。比如，“知足常乐”是常常被我们引用的一个观点，但对这个观点的理解，至少有两个视角：一是生活，二是事业。我们究竟想表达什么意思，就要看自己究竟站在什么立场，引用这个观点的出发点是什么了。所谓国事、家事、天下事，天天都有新鲜事；你说、我说、大家说，百花齐放任君说。立场各不相同，角度各有侧重，观点也就各有差异。但如果做到尊重客观事实、思考理性公正，我们的看法就能求同存异，乃至达成共识。

论述，是指当我们对某一人、事、物形成一定的看法后，就此进行理性的表达，说清自己的看法所依据的事实、理论，从而使自己的看法得到充分的支持，能够获得他人的认同和接受。这种论述从书面表达来说，就是议论；从口头表达来说，就是说理。中国有句古话，叫作有理走遍天下，无理寸步难行。这个“理”就是大家公认的事实或道理。简而言之，论述就是说理，就是通过摆事实、讲道理，在工作和生活中做到以理服人。

论述的方法有很多，但都基于以下几种基本方法：

事实论证。俗话说，事实胜于雄辩。只要观点基于的事实是真实的，并且和观点之间有着必然的联系，那这个观点就可以成立。任何论述都离不开这种事实，而这种事实越典型，越具有代表性，越为广大公众所熟知，其对观点的证明力就越强。

理论论证。理论论证就是用人类已知的科学原理或者公众所公认的道理、常识来证明观点的正确性和普遍性。在说理过程中，除了引用普遍性原理和原则外，各门学科的理论也可以作为论据，如数学中的“两点成一线”，物理学中的“作用力与反作用力相等”，文学中的“源于生活高于生活”等。理论论证还可以引用某些经过时间检验的、广为流传的谚语、格言、成语、名人名言等，但要注意必须在公认释义的前提下正确引用。

对比论证。对比论证就是将具有可比性的两个或两类人、事、物放在一起，形成正与误、是与非、新与旧、古与今、大与小、强与弱、中与外等突出的对立关系，然后在比较分析中阐明两者的差异，从而凸显论点的本质属性。运用对比进行论述，要特别注意建立合理的参照系。因为没有这种共同合理的参照系，两者就无法进行比较。所谓参照系指的是用来衡量和确定双方优劣长短的标准，这样的标准必须具有客观性，否则比较的结论就不一定可靠。

比喻论证。就是用打比方的方式来阐述自己的观点。比如，荀子用“积土成山，风雨兴焉；积水成渊，蛟龙生焉”“骐骥一跃，不能十步；驽马十驾，功在不舍”等日常事物来比喻凡事需“持之以恒、用心专一”的观点。一般情况下，比喻论证不单独使用，而是和事实论证、理论论证、对比论证及综合分析结合起来使用，这样才能完整、深刻而又生动地论述一个观点。

因果论证。在自然界和人类社会中，各种现象之间是普遍联系的，因果联系是现象之间普遍联系的形式之一。所谓原因，指的是产生某一现象并先于某一现象的现象；所谓结果，指的是原因发生作用的后果。原因与结果具有时间上的先后关系，但具有时间先后关系的现象并非都是因果关系；因果关系还必须具备一个条件，就是结果是由于原因的作用所引起的。论述过程中，通过揭示原因来论证结果，就是因果论证。

运用因果论证，不能停在一因一果的层次上，而要善于多角度地分析原因和结果之间的内在关系，比如要分析一果多因、一因多果，还要分析同因异果、异因同果以及互为因果的各种关系。一般来说，在因果论证中要重视主要原因、次要原因，必然原因、偶然原因，内在原因、外在原因等的因果关系分析。因为任何事物的发生、发展都是其各种因果关系共同作用的结果，揭示出这种因果之间的必然关系也就阐明了事理，明辨了是非。

示例

怎样摆事实、讲道理，才能做到以理服人？我国古代有个《触龙说赵太后》的故事，可以很好地体现其中的奥妙。

战国时期，赵国的太后刚刚执政，秦国趁机攻打赵国，形势非常危急。赵国向盟友齐国求救，齐国答应出兵支援，但有个条件，就是要求长安君到齐国做人质。长安君是赵太后最疼爱的小儿子，做人质要寄人篱下，在那个动荡战乱的年代，人质的性命常常很难保障。所以对于齐国的要求，赵太后断然拒绝。

赵国的大臣们都十分着急，纷纷劝说太后答应齐国的条件，太后非常生气，宣下旨意："谁再来劝我让长安君去做人质，我就啐他一脸。"大家一看，都不敢再开口了。

秦国的进攻日益加紧，赵国危在旦夕，老臣触龙看在眼里，十分忧虑，决定冒险再劝一次太后。太后听说后，怒气冲冲地在大殿等他。

触龙故意小步缓慢地走上殿堂，先谢罪说："老臣的脚有毛病，不能快走，非常失礼。很久没有来拜见太后您了，担心您的身体，今天特来问候！"

看到触龙老态龙钟的样子，太后不忍苦着脸，跟着感慨道："我现在进出也要靠车子才行了，我们都老喽！"

"那吃饭还好吗？"触龙很关切地问。

"只能喝些稀粥，成天这么多的烦心事，哪里有胃口啊！"

"我的胃口也不好，但我还坚持散散步，每天走二三里路，增加点食欲。"

"唉，我可做不到。"太后叹了口气，脸色好多了，先前的怒气基本看不到了。

这时触龙用恳求的语调说："太后，老臣有个儿子叫舒祺，排行最小，不成材，但老臣很喜欢他，老臣想请求您让他当一名侍卫，也算为国家出些力。"

"好啊，他多大啦？"

“15 岁，虽然还不大，但我想趁我活着的时候先安排好。”

“哈哈，原来男人也疼爱自己的小儿子。”太后笑了。

“当然，我喜欢这个小儿子比他妈妈还多呢。没办法，可怜天下父母心嘛。”

太后很开心，谈话的气氛越发缓和了。

这时，触龙趁机说：“老臣认为太后疼爱女儿燕后比长安君要多。”

“这怎么可能？”太后睁大了眼睛。

触龙很感慨地说：“父母疼爱儿女，总是替他们作长远的打算。当年你送燕后远嫁外地，她也哭个不停，不愿意远离家乡；出嫁后，您非常想念她，但每次祭祀时总是祈祷她不要回国，好好当她的王后。这不是替她作长远打算，让她的子孙世代继承王位吗？”

“是啊！”太后点头说。

触龙进一步说：“从现在上推到三代以前，一直到赵国建立，赵王的子孙被封侯的，他们的继承人还有保住爵位的吗？”

“没有了。”太后想了一下说。

“是那些封侯人的子孙都不好吗，没有能力吗？不是的。关键是他们没有功绩。没有功绩却享受很高的俸禄，有很高的地位，时间长了就难以服众啦。现在你疼爱长安君，可以提高他的地位，赐予他土地与财宝，可您不让他为国立功。那您百年之后，长安君凭什么服众呢？所以我说您没有替长安君长远打算，说您对他的爱不如对燕后的爱。”

一席话，让赵太后醒悟了，她改变了想法，同意长安君到齐国为人质，让他为解决赵国的危机出力。齐国很快出兵，击退了秦军，赵国平安了。

这个故事中，让长安君到齐国做人质，赵太后和触龙的观点是相反的。触龙先找到了与赵太后之间的共同点，就是年老、爱子，从“可怜天下父母心”这个公认的道理出发，以赵太后祈祷远嫁爱女燕后不要回国的事实为依据，通过赵太后对女儿和儿子不同的爱法的比较，提出了自己的观点——爱子，就需要为其长远利益考虑，最终说服了赵太后。可见，有效的说理就是说服，而这个从说理到说服的过程，需要根据对象和具体情境合理采用诸如铺垫、对比、分析等方法，最终让自己的观点自圆其说，让对方难以反驳，进而认同并接受。

训练一　诉求、建议与评论

训练提示

1. 诉求和建议，就是个人就有关事项向相关个人或组织提出自己的要求或见解，以期获得对方的认可、接受。这里面有三个要点：一是自己的要求或见解是什么，必须明确无误；二是相关个人或组织是否有接受该要求或见解的权限；三是你的理由是否充分，表达是否具有说服力。无论是书面表达还是口头表达，诉求与建议作为一种说理的方式，可以用一种简单的模式来表示：说理 = 观点 + 理由。

2. 诉状是诉求的一种终结形式。只要很好地把握了诉状的基本规则，就能够举一反三，写好任何形式的诉求与建议文书，包括任何情境中的口头诉求与建议。诉状是一方当事人为维护或实现自身的权益，依法向有管辖权的人民法院提出某种诉讼请求，并陈诉相关事实和理由，或者另一方当事人针对一方当事人的诉讼请求和理由提出抗辩的法律文书。如果诉状表述不当，就会承担相应的败诉风险，这是每个诉状（起诉状、答辩状）作者都不愿意看到的结果。

3. 如果我们的某项权益受到损害，但还不至于走法律诉讼程序，也可以向有权处理的有关方面投诉，这种为诉求而写的文书叫作投诉信。和诉状一样，如果投诉信写作不当，也会承担权益得不到合理保障的风险。所以诉状和投诉信的原理和写法是一样的。

4. 建议书是个人或者单位为了开展某项工作，完成某项任务或进行某项活动，提出自己的见解或方案，以期获得相关方面的采纳而拟写的文书。比如，很多企业都倡导员工就企业的经营管理、产品优化、技术革新等提合理化建议，如果你提了一个中肯的意见并附加了一揽子可供参考的解决方案，这样的建议书被采纳了，那么你就为企业作出了本职工作以外的突出贡献。当然，如果你的建议是面向某个公共群体，所提建议是出于社会公益的目的，那么这种建议就需要具有一定的宣传性和号召力，我们将这种建议称为倡议书。

5. 评论，主要是针对时事或现象，进行主观或客观的自我印象阐述，是作者站在自己的立场上表达与被评者相同或不同的观点、见解、主张，等等。好的评论不但需要自圆其说，还要获得他人的认可和接受，如果能够让被评者接受，那就非常到位了。学会合理评论、科学评论，需要自己具有广博的知识、深刻的思考和周密的论述。生活工作中，我们会对各种事物产生自己的想法和感受，特别是在网络高度发达的当下和未来，对热点事件、人物，用发帖、跟帖、微博、微信等形式发表自己的看法已经成为很多人生活的一部分。因此，评论具有十分重要的现实意义，对我们积累、运用知识进行缜密思考，提升思维水平和社会参与能力具有十分重要的意义。

题一

[核心提示]

叶军（化名）在江西 ×× 大学国际教育学院完成三年学业后取得一纸洋文凭。没想到因为没法通过教育部留学服务中心的认证，他取得的学历无异于一张废纸，升学、报考公务员等无一不受影响。

在讨说法无果之下，叶军一纸诉状将母校告上法庭，索赔十余万元。法院最终判决他获得 1 万余元赔偿。2012 年 10 月 12 日，南昌经济技术开发区法院法官向《新法制报》记者披露，这是我省首例因“洋文凭”拒绝认证引发的教育培训合同纠纷案，并提醒广大学生及家长，拿“洋文凭”前一定要慎选中外合作办学院校。

[事件]

在国内读了三年大学换来的“洋文凭”却无法得到认证，叶军将江西 ×× 大学诉至法院。

2005 年暑假，高考失利的叶军怎么都开心不起来。

一个偶然的机会，叶军得知在国内读大学也可以拿到洋文凭，他一下子就动心了。

“江西 ×× 大学国际教育学院修读商务管理专业课程，学制三年。包括计划内招生和计划外招生。修满学分后，即可获得国内和国外大学双学位……”

通过江西 ×× 大学的这则招生简章，叶军还了解到，该校是一所公办院校。这让他更加放心了。

为了能圆自己的大学梦，为了给自己将来就业增加筹码，2005年9月，叶军说服父母，选择到该大学就读该专业。

就读期间，叶军共向学校缴纳学费4.2万元，加上其他费用共计5.425万元。转眼三年过去了，叶军经过努力，顺利修满所有学分。学校于2008年7月向叶军颁发了“加拿大莱姆顿应用技术学院大专毕业证书”。

叶军毕业之后，以为拿到了“洋文凭”，在就业、考公务员等方面肯定会有些优势。然而，当他手持这纸文凭去参加公务员报考、到其他学校报考“专升本”等时，居然都没有被获准报名。

有一次，叶军拿着这纸文凭到一家企业去应聘，企业招聘人员用怀疑的眼光看着他说：“你应该是高中毕业吧？”这让他很尴尬。

上述单位对他的“洋文凭”产生怀疑的原因是，叶军的文凭无法得到有效认证。负责国外学位证书、高等教育文凭认证的教育部留学服务中心认定其文凭暂时不能获得认证。

教育部留学服务中心在其官网宣称，该中心出具的国（境）外学历学位认证书已经得到了社会的广泛认可，留学回国人员在升学、就业和报考各类专业资格考试时，学历学位认证书已成为很多用人单位、相关院校和考试举办机构要求必须出具的材料之一。

自己手里的洋文凭无法得到认证，无异于一张废纸。

在就业屡屡碰壁的情况下，叶军一纸诉状将母校告上法庭，要求法院判令学校赔偿自己各项损失共计12万余元。他认为，校方误导自己在该校学习三年，浪费了大量的时间和精力，并最终无法取得有效学历，给自己带来了巨大的损失。

[庭审]

在法庭上，双方围绕多个焦点展开辩论。双方争议的第一个焦点是，学校计划外招收学生就读，是否经过批准？

法庭上，叶军的代理人出示了江西××大学国际教育学院招生简章一份。简章中注明，计划外招生是经过批准的，但事实证明该校计划外招生并未获批准。

对于这一说法，被告代理人表示：该校国际学院招收计划外学生是依据《中华人民共和国中外合作办学条例实施办法》第四十一条“中外办学项目可以依法自主确定招生范围、标准和方式；但实施中国学历教育的，应当遵守国家有关规定”的规定，该校吸纳叶军作为计划外学生，参加与加拿大莱姆顿学院的合作项目的学习，实施的是加方学历教育，并不实施中国学历教育，不需教育行政部门就此专门下达批文，可以依法自主招收。

对此，叶军的代理人指出：江西省教育厅赣教外字96号通知明确要求，中外合作办学项目需要经教育行政部门审批。该大学所发的“加拿大莱姆顿应用技术学院大专毕业证书”未通过教育部留学服务中心的认证，是江西 ×× 大学未经批准超范围招生造成的。

而且，从被告提供的“教育部认可的加拿大学校名单”这一证据来看，该大学一直都是主张加拿大莱姆顿应用技术学院是教育部认可的，这也是叶军一直认为受到误导的原因。

叶军的代理人称，教育部留学服务中心是以“逾期未补交认证所需材料”为由拒绝通过认证的，而未补交的认证所需材料其实就是江西省的教育行政部门的批准文件。这个材料其实是永远也补交不了的，因为叶军通过计划外招生入学，根本没有得到江西省教育行政部门批准。

双方争议的第二个焦点是，“加拿大莱姆顿应用技术学院大专毕业证书”是否被我国认可。叶军的代理人称，根据教育部相关规定，未经国内教育主管部门批准的合作办学机构或项目颁发国（境）外学位证书或高等教育文凭不在我国学历认证受理之列。这就导致叶军虽然获得了加拿大莱姆顿应用技术学院专科学历证书一张，但该学历证书不能获得教育部留学服务中心的认证。

对于上述说法，被告代理人向法庭提供了下列证据：两份教育部网站认可的加拿大学校名单，以及江西省教育厅批复、网上下载的部分案例，想以此证明加拿大莱姆顿学院是教育部认可的国外大学。因此，其大学文凭，教育部是认可的。

“正是教育部认可，我省教育厅才会下达批复。”校方代理人称，留学服务中心本身不是教育行政单位，只是一个中介服务机构，其认证行为也不是一个行政行为，不认证并不表明加拿大莱姆顿应用技术学院不被教育部认可，也不表明该学院颁发的“专科证书”是无效的。

叶军的代理人针锋相对地表示，中国教育部认可加拿大莱姆顿学院，认可该学院颁发的学历，但是与本案无关。“教育部认可去加拿大的莱姆顿读书所获得的学历，但并不认可未到加拿大的莱姆顿读书所获得的学历。省教育厅批复批准的是计划内招生，但没有批准计划外招生。况且，网上案例不是证据。”

该案一审法院南昌经济技术开发区法院认为，某大学虽未签订书面合同，但叶军按约定支付学费，某大学按约提供教育，且双方教育培训合同未违反强制性法律和行政法规，应属合法有效；某大学招生简章对教育培训合同的主要内容如学制、学历等均有具体明确的说明，应视为合同的内容。某大学在其招生简章中承诺叶军所获得的证书受我国教育部和国际社会的认可，而叶军所获证书无法获得国内留学服务中心认证，在一定程度上影响叶军使用该证书，给叶军造成了一定的经济损失，某大学应承担相应的违约责任，遂依法作出判决：被告赔偿原告 1 万余元。

一审宣判后，被告不服判决，上诉至南昌市中级人民法院。

近日，南昌市中级人民法院维持了原审判决。

此案审结后，校方自愿履行了合同，并为叶军推荐了一份工作。然而，对于叶军来说，自己苦读三年却换来一张不被认证的洋文凭，至今后悔不已。

[提醒]

学生想在国内取得洋文凭时，一定要注意该校的中外合作办学项目、专业和范围是否经过教育主管部门的批准。

目前，中国逐渐成为开展跨境教育的热点国家，跨境教育方式包括出国留学、来华留学、合作办学等。许多国家正以商业运作模式开发中国的教育市场。据了解，经国务院学位委员会和教育部批准，教育部留学服务中心从 2000 年开始，开展了对国（境）外学位证书和高等教育文凭的认证服务。

然而，由于种种原因，许多学校的国外学位证书未被教育部予以认证。12 日，《新法制报》记者网络查询发现，江苏、上海等地都出现一些学生为维护自己的权益，将教育部留学服务中心、国内的母校诉至法院，要求赔偿损失的案例。

14 日，承办此案的法官称，在此案中，叶军只注意到了江西某大学的中外合作办学项目和所涉及的专业经过有关部门批准，未注意到该校的招生范围，即包括计划内招生和计划外招生。而实际上，教育主管部门只批准了其计划内招生。因此，叶军的洋文凭就无法获得认证。

承办此案的法官提醒学生及家长，学生想在国内取得“洋文凭”时，一定要特别注意该校的中外合作办学项目、专业和范围是否经过教育主管部门的批准。同时，查询时，可以主动登录教育部官方网站或打电话给江西省教育厅相关部门咨询，而不要轻信学校招生宣传的一面之词。

——吴运琦　章鸿　刘太金《苦读三年拿到“洋文凭”无法获认证学子状告母校》

1. 根据文意，就文中配图拟定一个主题词。

2. 阅读该报道，根据报道内容回答下列问题。

（1）叶军的诉讼请求是什么？

（2）叶军支持自己诉讼请求的事实和理由是什么？

3. 以叶军的身份，参照下列例文拟定一份民事起诉状。（原告、被告相关信息可以根据报道合理虚构，所需证据可根据报道合理推导）

例文：

民事起诉状

原告：马政武，男，32 岁，汉族，身份证号：******************，自由职业，住址：上海市黄浦区 ×× 街道 ×× 路 ×× 号。

被告：许国平，男，42 岁，身份证号：******************，自由职业，住址：江苏省昆山市新市镇 ×× 路 ×× 号。

诉讼请求：

1. 请依法判令被告按借条约定偿还借款及利息 21.5 万元；
2. 请依法判令被告承担本案全部诉讼费。

事实与理由：

2016 年 8 月 7 日，被告因股票严重套牢，需要追加投资，向原告提出借款 20 万元。基于良好的朋友关系，原告同意在双方各有一名朋友见证的前提下借款给被告，遂于 2016 年 8 月 9 日在上海原告家中与被告达成借款协议，约定借款期限为一年，年利息为 5%；另约定该款项投资股票产生赢利，被告再追加赢利部分的 20% 作为回报。同日下午 4 时许，原告通过工商银行向被告账户转入资金 20 万元整，借款协议生效。

2017 年 9 月 2 日，因借款期限已到，原告向被告打电话提出还款要求，被告以股票仍然套牢为由要求延长借款期限三个月。2017 年 12 月 5 日，原告再次打电话提出还款要求，被告承诺一个月内偿还本息，但截至目前仍然没有履行，其间还多次拒绝接听原告电话，甚至在昆山对原告借故不见，就连其见证借款过程的朋友也冷脸相对，令人心寒。

现附上原告和被告签署的借款协议、借款见证人身份证复印件以及原告向被告转账的银行凭证。恳请贵院以事实为依据，以法律为准绳，按照我国相关法律规定，判令被告向原告还本付息。

此致

昆山市人民法院

具状人：马政武

2018 年 3 月 14 日

（编者注：该文本根据专业网站专职律师所写民事诉状改写）

题二

投诉信

市物价局：

我们是来自市英才培训中心（社会办学许可证号：**********，地址：×× 街道 ×× 路 ×× 号泰妍广场 B 座五楼）国际商务英语考试暑期强化班的 12 名学生。现就该培训中心不按照约定授课及违规收费情况反映如下：

2017 年 5 月，我们从媒体广告得知，该培训中心招收国际商务英语强化班。招生广告宣称该强化班主要由来自 ×× 大学商学院 ××× 教授及来自美国 ×× 大学商学院外籍教师 ××××× 教授授课；学费为人民币 2 万元，一次性交清，无其他收费项目；考核不合格可以插入其他同类班级免费继续学习或退还已交学费的三分之一。

7 月上旬，我们在交清了学费后，于 7 月 15 日正式上课。但很快我们就发现，给我们授课的为 ×× 大学商学院在读博士研究生，而所谓来自美国 ×× 大学商学院的外籍教师也是从市 ×× 高中请来的英语外教。我们和校方交涉此事，校方教学负责人陈老师答复说，原定教师因特殊原因要到 8 月中旬才能来授课，进行考前集中辅导；现在所聘教师水平很高，对我们参加国际商务英语考试不会有影响。然而到了 8 月中旬，依然没有校方所承诺的师资来授课，整个学习过程中我们也发现现任教师缺乏国际商务专业英语背景，其授课内容主要在日常英语应用。我们再次向校方交涉，依然被敷衍；校方甚至提出增加学费，才能得到所承诺的师资授课。不得已，我们每人再次缴纳了5 000元的“追加补习课时费”，才得到了大学商务专业教师和外籍教师共计12课时的集中辅导答疑课。一次偶然的机会，我们得知师资不到位的可能原因，是我们这个班招生人数不足，校方没有利润。这时我们才意识到缴纳学费时，校方出具的是普通收据而不是正式发票。由此，我们怀疑该培训中心违规收费。故向贵局投诉，恳请依法查处。

1. 英才培训中心共计两次向我们收取了2.5万元学费，其中5 000元是在我们无可选择的情况下缴纳的。根据《中华人民共和国民办教育促进法》第三十七条“民办学校对接受学历教育的受教育者收取费用的项目和标准由学校制定，报有关部门批准并公示；对其他受教育者收取费用的项目和标准由学校制定，报有关部门备案并公示”的规定，我们这个培训项目收费是否已经在贵局备案？如没有，请对该培训中心依法处理，并退还第二次违规收取的学费5 000元。

2. 在第一次缴纳2万元学费后，我们并没有得到校方所承诺的师资和相应质量的教育服务，故要求校方比照本市其他培训机构同类培训项目收费标准，至少退还首次学费2万元的三分之一。

我们12名同学均为在校大学生，因所在大学开学在即，将赴各地继续完成学业，为方便传达，恳请贵局及时以书面形式回复对此事的处理结果。

投诉人：××× ××× ××× ××× ××× ×××
××× ××× ××× ××× ××× ×××

2017年8月26日

（编者注：此文根据媒体相关报道改写）

1. 投诉信是为了向相关部门反映问题，诉说缘由，帮助自己解决问题的一种文书。投诉信的形式可以不拘一格，但一定要把真实情况说出来、讲清楚，让人一看就明白。据此，说说该文本在写法上体现了投诉信这种文书哪些基本的写作规范。

2. 将自己近几年的消费情况梳理一下，如网络购物、旅游等，看看有无遭遇令自己权益受损的经历，如有则以此为素材，参照上述文本向有权处理该事项的相关部门（包括公司、事业单位等社会组织）拟写一封投诉信。

题三

小区宠物狗管理建议书

小区物业公司：

狗是人类忠实的朋友，宠物狗给主人带来了很多的生活乐趣和精神慰藉。随着养狗渐成一种时尚，小区内的宠物狗也越来越多，根据我对傍晚出来遛狗的业主近一个月的观察，常到小区中心花园的宠物狗有 30 条左右，西北健身区周边有 10 条左右，东门右儿童活动区有 15 条左右，散布在林间小径上的估计也有 10 条左右。这些狗在给主人带来快乐的同时，也给我们小区的环境与和谐带来了不少问题，其中最为突出的有两个：

一是安全与和谐问题。有大约 20 条小型犬没有拴狗绳，它们活动自由、不受控制。有几次我目睹小狗追逐儿童嬉闹，其中一个幼童受惊哭泣，孩子的母亲因驱狗还和狗主人起了口角。有 3 只大型犬虽然被主人用绳拴着遛，但到所到之处，很多孩子包括一些大人都纷纷避让，给散步的业主造成了一定的心理负担。

二是卫生问题。很多狗主人遛狗时都带来垃圾袋，随时处理狗的粪便，但在上述我所观察的场所，依然有没有被及时清理的狗粪，一不小心就会踩到，就连我自己在小心观察的情况下都有数次踩到，何况一般路过的居民。

综上所述，特提出如下建议：

1. 向养狗的业主发放告知书。杜绝无证养狗，倡导文明养狗，提高公共道德水平。对违反养狗规定的业主，联系城管、公安给予必要的劝诫、处罚。严格规定因狗对他人特别是儿童造成的骚扰、伤害，狗主人需承担全部责任。

2. 禁止在中心花园、健身区、儿童活动区遛狗，将小区四角、楼间小径和南边池塘周边作为遛狗的主要区域。

3. 在主要遛狗区设置必要的沙地和狗粪收集箱，方便狗主人及时且方便地处理狗粪。

4. 加强巡视，及时处理违反规定的各种养狗行为；对小区内的大约 5 条的流浪狗及时妥善处理。

业主：张明成

2017 年 5 月 29 日

1. 阅读文本，说说建议书在写作上都有哪些基本特点。

2. 2011 年 8 月 27 日晚，某著名公司总裁在公司内网上给入职不到三年的员工写了一个长帖。下面是节选内容。认真阅读，据此分析所在学校、班级或自己学习、生活中存在的问题，就其中你认为需要改进也能够改进的一点或两点，向自己的班主任写一份建议书，或者参照例文向全班同学写一份倡议书。

新入职的员工们：

我们是一家公司，我们有自己的使命，我们有自己的职责。我们用自己的努力，向社会提供影响千家万户幸福生活的产品和服务。这是公司成立的初衷，永远不会变。我们只希望务实地以自己的手法创造社会价值。

1. 我们永远不会承诺你发财、升官，但一定承诺你会“很倒霉，很郁闷，很委屈，很痛苦，很沮丧”。

2. 刚来公司不到一年的人，千万别给我写战略报告，千万别瞎提什么公司的发展大计。但三年后，你讲的话我一定洗耳恭听。我们喜欢小建议小完善。我们感恩你的每一个小小的完善行动。

也许大家会觉得我很讨厌，很不可爱。呵呵，我不是来求大家喜欢的，我是来告诉大家我真实想法的。你可以很讨厌我，但你只要按照下列五个步骤去做，绝对不影响我喜欢你！

1. 看。来公司先看，少发言。观察一切你感兴趣的人和事。从看和观察中学习了解公司。当然最好带欣赏和好奇的态度去看，因为毕竟你是因为欣赏和好奇来到这家公司的。

2. 信。问自己信不信这家公司的人、使命和价值观；信不信这家公司的未来。假如不信，选择离开，离开不适合自己的公司是对自己和别人最负责的态度。

3. 思考。假如信了，留下了就仔细想想自己可以为实现这家公司的理想和使命做些啥。思考自己留在这个公司里，团队和工作有我和没有我，有啥区别。我到底该如何做一个优秀的员工？我们欣赏想当将军的士兵，但我坚信一个当不好士兵的人很难成为将军。

4. 行动。这是最难的。懂道理的人很多，但能坚持按道理办事的人太少。行动是真正说明思想的。公司的工作是单调乏味重复的，因为我们应该把新鲜快乐刺激留给客户们。行动也是要有结果的。我们是为努力鼓掌，但为结果付费的是公司。

5. 分享。经过看、信、思考和行动后，您的观点才真正珍贵，必须与新来的和以前的同事分享。今天很多同事来了没有几天就开始指责和批判一切。你觉得我们会喜欢吗？我是肯定不喜欢的，因为我们不是请你来批判的，我们是请你来完善的。有些发泄性的批判，除了让人不高兴外，其他意义不大。我们期待的是分享性批判。

倡议书例文：

“光盘行动”倡议书

亲爱的同学们：

勤俭节约历来便是中华民族的传统美德。然而，随着我国人民物质生活水平的不断提高，饭桌上的浪费现象却越来越严重了。据中国社科院统计，我国每年浪费的食物总量约500亿公斤，接近全国粮食总产量的十分之一。换一个说法，即便保守推算，我国每年最少倒掉约2亿人一年的食物或口粮。与此触目惊心的一组数据是：世界上平均每6秒钟就有1名儿童因饥饿死亡，平均每年被饥饿夺去的生命有1 000多万。同学们，如果我们把每一天浪费的粮食回收10%，就能够多出400万饥民的口粮，就能节约600万亩的耕地。由此可见，节约不仅仅是一种美德，更是人类与自然和谐共存的必然要求。随着全国各大主流媒体对“舌尖上的浪费”大加挞伐，和“餐费是你自己的，资源属于全社会”理念的日益普及，将盘中餐吃光、喝净、带走的“光盘行动”得到了公众、餐饮业经营者、公益组织的热烈响应。作为当代大学生的我们，更责无旁贷。为此，特向同学们倡议：

一、一粥一饭当思来之不易，半丝半缕恒念物力维艰。青年朋友要从点滴做起，从餐饮开始，将口号变为行动，将行动化为习惯。无论是在家庭还是在公共场所，都要礼貌消费、节约用餐，避免过度饮食或剩菜剩饭。

二、节俭用餐，吃多少点多少，不够再添加；吃光碗里的最后一粒米、盘中的最后一根菜。

三、以“光盘”为荣，“剩宴”为耻。就餐点菜时，适度适量，吃饱为好，实在吃不了，记得打包带走。

四、提醒身边的同学和朋友，制止任何浪费食物、粮食的现象，做节约的宣传员，向家人、亲戚、朋友宣传节约粮食。

五、既要做“光盘行动”的实践者，也要做“光盘行动”的推动者。用省下来的钱，多做好事，多做公益。

六、身体力行，营造“节约光荣，浪费可耻”“节约资源，人人有责”的良好氛围，助推勤俭节约成为时代徽标、俭约生活成为社会时尚。

同学们：勤俭节约不是吃苦，而是对有限资源的应有珍惜；“光盘行动”不是让我们吝啬，而是对传统美德的发扬光大。让我们从今天开始：吃多少，要多少；吃不了，兜着走！

同学们：加入“光盘族”吧。勤俭是一种健康的生活态度，简约是一种崇高的审美趣味；节约资源就是保护环境，反对浪费就是尊重自然。让我们立足盘中一粒米，胸怀天下地球村。从此刻做起——在

“光盘”中吃出和谐，吃出健康，吃出一个美好的未来！

校学生会

2016年4月15日

题四

最近，有一个词刷遍了互联网——“霸”。什么是“霸”？“霸”就是霸占、行强力占有的意思。自2018年8月21日孙赫在高铁列车上霸座被报道之后，霸座行为便常见诸媒体，一些人在霸座的道路上愈行愈远，八匹大马都拉不回来。霸座女、霸座大妈、霸座外籍女……一系列的霸座事件，被纷纷曝光。

近日，又一幕高铁列车霸座的闹剧再次上演。在从上海虹桥开往北京南的G170次高铁列车上，一名女子强行霸占他人座位，声称“我想坐哪就坐哪”“你有本事把我打死”，态度蛮横，拒不配合列车工作人员工作，并与周围旅客发生肢体冲突，严重扰乱了公共交通工具上的秩序。最后，该女子被铁路公安带回派出所，依法受到行政拘留7日的处罚。

回想近来发生的“霸座”事件，笔者心中感慨万千。试问，霸座这种事件以前没有吗？恐怕不是的。为什么之前相关的报道较少呢？在这里，我们就不得不提一个名词——“破窗效应”。所谓的破窗效应是犯罪学的一个理论，此理论认为环境中的不良现象如果被放任存在，会诱使人们仿效，甚至变本加厉。以一幢有少许破窗的建筑为例，如果那些窗不被修理好，可能将会有破坏者破坏更多的窗户。这也就解释了现在为何霸座事件屡屡发生的原因了。孙赫事件就像一个破窗一样，虽然事后孙赫发表了道歉声明，但是这个破窗一直没有得到妥善的解决，低廉的犯错成本，让后来的霸座者没有认识到霸座的严重性，所以还是频频“重出江湖”。

如今霸座的破窗效应也许已经形成。笔者在此希望一些“霸气十足”的人不要再以身试法，不要再继续挑战广大网民的底线，毕竟在互联网时代，一旦这种事情发生，当事人不但要接受法律法规的惩处，还要接受道德谴责——即便新闻记者不报道，但网络自媒体的力量也会让当事人原本平静的生活被打乱，对当事人的心理上也会产生巨大的压力。由此，笔者衷心希望霸座大军不再添加新的成员——如此“网红”当不得，如此称“霸”要不得！

——李鹏飞《如此称“霸”要不得》（有删节）

1. 根据文意，为文中配图拟定一个主题词。

2. 阅读文本，说说该评论在写法上有哪些值得借鉴的地方。

3. 参照上述文本的写法，选择一则自己感兴趣的时事或新闻，写一则简短的评论。（亦可参照下列例文）

昨日，首富宗庆后（杭州娃哈哈集团有限公司董事长兼总经理）意外成为舆论焦点。12 月 22 日（2016 年），宗庆后乘坐高铁出行，被同车乘客意外认出，惊喜的乘客将抓拍的相片传到网络。在高铁二等车厢里，宗庆后不仅正常接受乘务员检票，还与同车厢的小孩逗乐，拿 AD 钙奶开玩笑。作为中国首富，宗庆后简朴的生活方式受到网友好评。这一消息后来获得证实。

身家亿万，却生活简朴，在中国其实也不乏其人，就在不久以前，华为总裁任正非在寒风中排队打车的场景，也成了刷屏的新闻。

富豪排队打车、打饭，或者乘坐公共交通工具，本是作为社会一员的正常生活选择，但却屡屡成为新闻。其背后的社会现实是，一些富豪生活奢华、过度炫富的事情屡屡发生，在当今社会贫富差距拉大的背景下，格外刺目。

宗庆后作为首富生活节俭，就是富而不骄。这比时下那些有点钱就嘚瑟、就炫耀的所谓富人强太多。这件小事其实也关乎当代中国富裕群体价值观、伦理观重塑的重大问题。

富而不骄，在古今中外，都是一种普遍崇尚的社会价值。在欧美国家，就存在一种传统的“资本主义精神与清教伦理”，这种文化推崇克勤克俭、积极进取而有节制的精神，并将其上升到精神信仰的高度。在这种文化背景里，不仅富贵人士生活简朴不足为奇，甚至经常出现超级富豪“裸捐”身家的义举。

同样，在中国的文化传统里，对于富贵人士的价值期待，也始终保持着恒定的标准。所谓“富而好礼”，所谓富贵不淫，这些价值行为标准始终保存在经典文本中，都得到国人的尊崇和践行。

通过合法手段致富，理当有权享受更加优质的生活，但在另一个价值维度上，所谓“不完全义务”，即从个人价值关怀出发，选择更加具有社会意义的生活方式，则理应得到更多的肯定。

富而不骄，于当事人来说，是自己选择的生活方式，无疑会怡然自得。尽管，我们不是要求所有的富人都和宗庆后一样，但是，也应该看到，富人的言行不可能独立于社会评价之外。是有钱就嘚瑟，挑逗公众情绪，还是低调朴实，做这个国家平等的公民，大家对其个人和企业的看法，将会完全不同。

——朱玉《宗庆后坐二等座 让有钱就嘚瑟的“怎么活”》(有删节)

训练二 随笔、演讲与辩论

训练提示

1. 当代生活，如果你“步步留心，时时在意”，人、事、物就会有随性的情感、理性的思考，随意一笔，可长可短、可叙可议、可歌可泣，这就是随笔。

2. 随笔是散文的一种，一般分为记叙性随笔、议论性随笔和说明性随笔。我们这里着重训练的是议论性随笔。其形式可以灵活多样，不拘一格，最重要的是要表达出自己的意图：或是一点小感悟，或是一个新观点，或是一个小发现……简而言之，就是日常生活中遇到的一个人、一件事、一种物，或者一个生活片段，哪怕是看一场电影、读一本书，如果引发了你的思考、触动了你的感受，那就写下来，让他人读了也能获得共鸣。

3. 演讲又叫讲演或演说，是指在公众场合，以有声语言为主要手段，以体态语言为辅助手段，针对某个具体问题，鲜明、完整地发表自己的见解和主张，阐明事理或抒发情感，进行宣传鼓动的一种语言交际活动。除即兴演讲外，演讲一般都要事先写好演讲稿。当然，在演讲时，可以照稿宣读，可以事先背诵，也可以拟写一个提纲，更可以即兴发挥。具体如何演讲，就要看具体的情形了。本训练单元主要意图是训练有稿演讲，目标是即兴演讲。演讲要研究听众，内容上，应当让听众感兴趣，并能引发其思想和情感的共鸣；语言上，应尽量口语化，使听众一听就明白，并尽可能在关键处使用排比句或循环句，以有效吸引听众的注意力；结构上，尽量使用首尾呼应的方法，突出重点，追求印象深刻、回味无穷的效果。整个演讲要讲究思维的逻辑性，由浅入深、有条有理地把论点论据讲明白，讲清楚。

4. 辩论也可称为论辩，是交际双方为了一个有争议的话题，进行阐述论证、诘难辩驳，以便分清是非曲直、优劣正误的一种口语交际形式。辩论与讨论不同，讨论是为了寻求共同的看法，可以补充对方的观点；辩论则是为了揭示对方的矛盾，否定对方的主张，确立自己的观点。

5. 任何辩论都有三个要素，即论题、立论者、驳论者。比如民事诉状原告提出了诉讼请求，并列举了事实和理由；作为被告，必须出具答辩状，对起诉状的诉求及事实、理由进行反驳，否则就意味着彻底败诉；在庭审过程中，双方还会就有争议的问题在法官的主持下进行法庭辩论、质证。因此，从这个意义上说，辩论是有对抗性的。

6. 辩论不是吵架，双方必须基于同样的话题，在相同的方向上，依照公认的逻辑进行立论和反驳，否则就会发生偷换概念、转移话题、自相矛盾，甚至强词夺理等诡辩、强辩现象。在辩论的过程中，一方面我们自己需要遵循逻辑，另一方面也要善于及时发现并指出对方的逻辑漏洞，这样才能辨明是非曲直、优劣正误。

7. 严格意义上的辩论，日常生活、工作中比较少见，但辩论的元素和遵循的法则在讨论、对话、谈判等常见的沟通交流中必不可少。因此，通过辩论训练，有助于增强日常沟通交流的实际效果。

题一

他是位老鞋匠，在巴黎历史名胜区迈莱士开有一家修鞋店。我把鞋拿去时，他说："我没有时间，你可以到大街对面另一家鞋店去，那儿的师傅会立刻帮你修好。"

而我看中他的店由来已久了。看着他那放满工具和一块块碎皮的长凳，我就知道他是位熟练的巧匠。"不，"我回答说："那个师傅会把鞋弄得更糟。"

"另一师傅"是对修鞋、配钥匙只知道点皮毛的店主，他给你贴个鞋跟、配把钥匙，这还可以。他们制作马虎，线缝好后也许会留块碎皮在鞋上，你穿上后简直想要把鞋扔了。

他看我不走，露出了笑容。他在蓝围裙上搓了搓手，看了看我的鞋，用粉笔在鞋上写下我的名字，说："一个星期后来拿吧。"

我要走的时候，他从架子上取下一双高级长筒靴。"看看吧，"他自豪地说，“巴黎只有三个人会修这样的鞋。”

他好像是中世纪传奇式手艺人，说话和善友好，戴着顶形状古怪而又沾满灰尘的帽子，他那不知出自何地的口音风趣可笑。总之，他为自己的活儿感到自豪。

当今时代，是个除了基本需要外什么都无所谓的时代，你只要付钱，什么都可以给你做。在这个时代，人们不是把工作看成是实现自己的目标，达到一定能力的途径。在这个时代，要找到这样一位鞋匠实在是难上加难——他为自己做好工作而自豪，并把自己最大的满足寄托在这种自豪之上。

优秀的工作就是高贵的头衔。不管他的工作是什么。一个人尽心尽职的工作，别无他求，只是为了维护自己的尊严，这样的人和著名的艺术家一样高贵。没有祖传的贵族，真正善良而又热爱工作的人是唯一真正的贵族。

——佚名《鞋匠》，陆培俊译

1. 文本是一篇典型的一事一议的议论性随笔，其结构和写法对我们一事一议具有基础性指导作用。请简要分析该文本在结构和写法上的基本特点。

2. 模仿本文的结构和写法，就自己生活中与人交往的一件事，叙述并发表自己的看法；或者就下面的材料（或一段社会新闻视频）表达你的见解。在写之前，可以先按照下列思维导图整理、优化自己的思路。

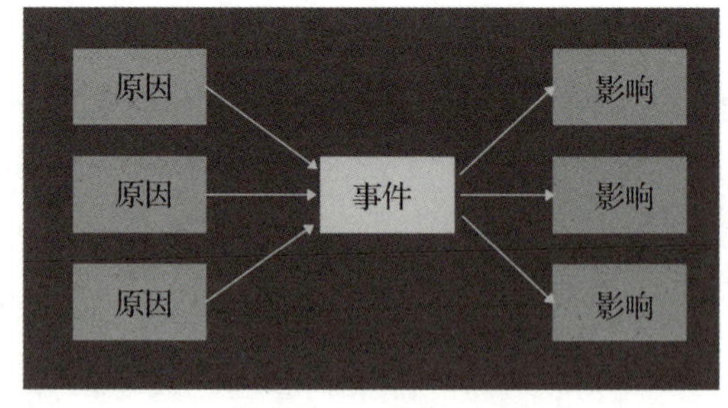

（1）这是一个商人的故事。1974 年，美国政府为清理给自由女神像翻新扔下的废料，向社会公开招标。数月过去，却无一人应标。正在法国旅行的他得到消息后，立即飞往纽约。在看过自由女神像下堆积如山的废料后，他未提出任何条件，当即在合约上签下了自己的名字。当时很多人对他的这一举动理解不了。因为在纽约，垃圾的处理有一整套严格的规定，弄不好还会受到环保组织的起诉。就在一些人都等着看他如何处理时，他开始组织工人对废料进行分类。他将废铜熔化，铸成小自由女神像；将木头加工成铜像的底座；将废铝、废铅做成纽约广场的钥匙。最后，他甚至把从自由女神像身上扫下的灰尘都包装起来，出售给了花店。不到三个月的时间，他让这堆废料变成了 350 万美元现金，价格整整翻了一万倍。

（2）2001 年 5 月 20 日，美国一位名叫乔治·赫伯特的推销员，成功地把一把老旧的斧子推销给了小布什总统，由此获得了美国布鲁金斯学会当年“最伟大推销员”金靴子奖。这是自 1975 年以来，该学会的一名学员成功地把微型录音机卖给了尼克松后，又一学员跨过如此高的门槛。布鲁金斯学会创建于 1927 年，以培养世界上最杰出的推销员著称于世。它有一个传统：在每期学员毕业时，都设计一道最能体现推销员能力的实习，让学生去完成。克林顿当政期间，他们出了这么一个题目：请把一条三角裤推销给现任总统。八年间，有无数个学员为此绞尽脑汁，最后都无功而返。克林顿卸任后，布鲁金斯学会把题目换成：请将一把斧子推销给小布什总统。鉴于前八年的失败与教训，许多学员知难而退。个别学员甚至认为，这道毕业实习题会和克林顿当时一样毫无结果，因为现在的总统什么都不缺，即使缺什么，也用不着他们亲自购买；再退一步说，即使他们亲自购买，也不一定正赶上你去推销的时候。然而，乔治·赫伯特却做到了，并且没有花多少工夫。一位记者采访他的时候，他是这样说的：“我认为，把一把斧子推销给小布什总统是完全可能的，因为小布什总统在得克萨斯州有一座农场，那里长着许多树。于是我给他写了一封信，说：‘有一次，我有幸参观您的农场，发现那里长着许多橘树，有些已经死掉，木质已变得松软。我想，您一定需要一把小斧头，但是从您现在的体质来看，这种小斧头显然太轻，因此您仍然需要一把不甚锋利的老斧头。现在我这儿正好有一把这样的斧头，它是我祖父留给我的，很适合砍伐橘树。倘若您有兴趣的话，请按这封信所留的信箱，给予回复……’最后他就给我汇来了 15 美元。”

（3）岛村芳雄原来是一个做批发生意的普通商人。后来他看到日本渔民越来越多，而麻绳是渔民必不可少的东西，于是他就决定做批发麻绳的生意。他从生产麻绳的厂家进货，每根 5 毛钱，可是他卖出去也是 5 毛钱一根。这样一来，他不仅没有赚一分钱，还赔了很多钱。一年后，人们都把订单送给了这个“做亏本生意”的商家——岛村芳雄。这时，岛村芳雄去对厂家说：“去年我从你们这进了一大批麻绳，按进价出售，赔了不少钱，如果继续下去，没几天我就要破产了。”厂家考虑到他的客户很多，便把价格降为 4 毛 5 分，每根少了 5 分钱。岛村芳雄又对客户说：“我以前为了扩大自己的影响，原价出售麻绳，再这样下去，我就要停业了。现在厂家决定每根低 5 分，你们能不能也加一点？”客户看了进货单，知道他说的是真话，于是决定每根加 5 分钱。就这样，他的生意越做越大，最终成为日本最有名的商人之一。

题二

谁都知道自己难免一死，但这一天的到来，似乎遥遥无期。当然，人们要是健康无恙，谁又会想到它，于是便饱食终日，无所事事。

有时我想，要是人们把活着的每一天都看作是生命的最后一天，那该多好。这就更能显出生命的价值。如果认为岁月还相当漫长，我们的每一天就不会过得那么有意义、有朝气，我们对生活就不会总是充满热情。

我们对待生命是如此怠倦，对待自己的天赋及使用自己的器官方面又何尝不是如此？只有那些聋了的人才更加珍惜声音，那些成年后失明、失聪的人就更是如此。然而，那些耳聪目明的正常人却从来不好好地利用自己的天赋。他们视而不见、充耳不闻，没有任何鉴赏之心。事情往往就是这样，一旦失去了的东西，人们才会留恋它；人们得了病才想到健康的幸福。

我有过这样的想法，如果让一个人在他成年后的某个阶段聋上几天、瞎上几天该有多好。黑暗将使他们更加珍惜光明，寂静将教会他们真正领略喧哗的快乐。

最近一个朋友来看我，他刚从林中散步回来。我问他看到些什么，他说没有什么特别的东西。要不是我早已习惯了这样的回答，我真会大吃一惊。我终于领悟到了这样一个道理，明眼人往往会熟视无睹。我多么渴望看看这世上的一切，如果我说凭着我的触觉就能感受到如此大的乐趣，那么能让我目睹一下该有多好。奇怪的是明眼人对这一切都如此淡漠。那点缀世界的五彩缤纷和千姿百态的事物在他们看来是如此平庸。也许人就是这样，有了的东西不知道欣赏，没有的东西又一味追求。对于明眼人，视力这种天赋不过是为生活增添一些方便罢了，并没有赋予他们生活更多的意义。

假如我是一位大学校长，我要开设一门必修课——如何使用你的眼睛。教授应该让他的学生知道，看清他们面前一闪而过的东西会带给他们生活多大的乐趣，从而唤醒人们麻木、呆滞的心灵。

请思考这样一个问题：假如你只有三天的光明，你将如何使用你的眼睛？假如三天后太阳再也不会在你眼前升起，你又将如何度过那宝贵的三日？你又会让你的眼睛停留在何处？

——选自海伦·凯勒《假如给我三天光明》

1. 文中配图为海伦·凯勒。海伦·凯勒生于1880年6月27日，1968年6月1日去世。美国著名作家、社会活动家。3岁时，她就因病集盲聋哑于一身，却奇迹般地学会了英语、法语、拉丁语和希腊语，并完成了大学学业，获得了学士学位，后又荣获哈佛大学荣誉学位。她创办了海伦·凯勒基金会，致力于盲人福利和教育事业。她的著作被翻译成80多种文字，风靡五大洲的每个角落。美国著名作家马克·吐温说："拿破仑和海伦·凯勒是19世纪两位最出类拔萃的人物。"据此，并结合文意为配图拟写一个主题词。

2. 根据文本思路与结构，按照下列思维导图模型（可修改）写出文本各组成部分要点；并简要说说文本的表达风格。

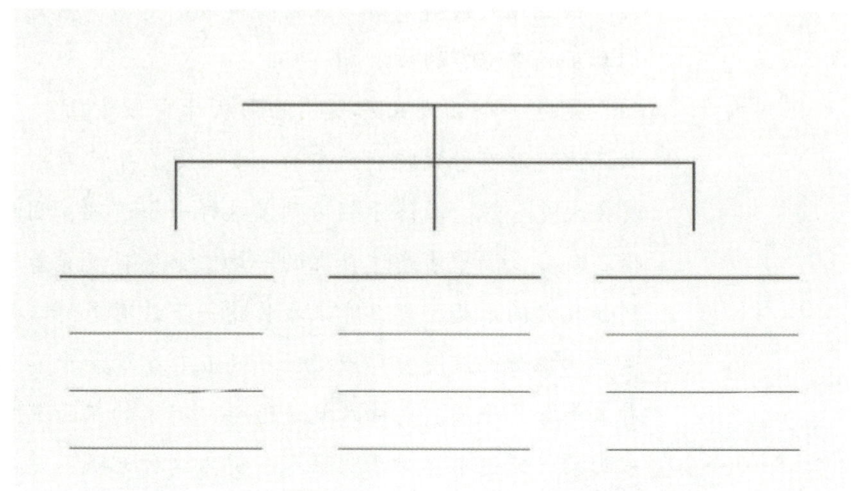

3. 谈自己对某个问题的见解，谈自己对某个问题的感受，是生活中每个人不可避免的话题。如何才能将内心的情感及思考畅达地表达出来，并能得到他人的共鸣？海伦·凯勒的这篇随笔就是一个样板。模仿本文结构及写法，就下列话题写一篇议论性随笔。写之前，可以按照上题中的思维导图（可修改），对自己想要表达的立场、观点、主张及支撑的理由（包括关键信息细节）进行整理、优化。

（1）1991 年，《中国青年报》摄影记者解海龙拍摄了一组“我要读书”的照片，其中一张是年仅 8 岁的安徽金寨农家女孩苏明娟，她手里握着笔，眼睛里流露出对知识的渴望。

（2）麦克牵着一只蜗牛去远行，可是蜗牛走得太慢了。麦克又催促又斥

责，蜗牛只是很歉疚地摇摇头，表示无能为力。麦克又气又急，对蜗牛又拉又踢，蜗牛受了伤，越发爬得慢了。麦克只好耐着性子，让蜗牛慢慢爬，自己则以一种接近静止的速度跟在后面。就在这个时候，麦克闻到了阵阵花香，听到了鸟叫虫鸣，感到了微风拂面。后来，麦克还看到了美丽的夕阳、满天的星斗、灿烂的朝霞。麦克不禁感慨道："我牵着蜗牛远不如蜗牛牵着我富有诗意！"（作者：张文亮；有删改）

题三

非常荣幸在这里接受今年的拉斯克临床医学研究奖——这一生物医学领域最富盛名的奖项，衷心感谢评委会对我在发现青蒿素及其疟疾的功效等方面贡献的肯定。

1955 年，我从北京医学院药学系毕业，在卫生部中医研究所开始了富有意义的工作。这项工作使我发现了中医药学的丰富宝藏，领悟了中国传统哲学有关人体和宇宙的精妙思想。在中医药学和现代医药科学紧密结合的原则下，我的团队运用现代科学和技术，继承了中医药学的精髓，成功地从青蒿中发现并提取出青蒿素。

疟疾威胁人类健康长达数千年。20 世纪 50 年代，由于疟原虫抗药性的出现，疟疾重新开始肆虐。1967 年，中国政府启动"523"项目来抗击疟疾。1969 年，中医研究院任命我领导抗药研究工作。我带领由植物化学和药理学专业研究者组成的团队，开始从中草药中寻找并提取可能具有抗疟疗效的成分。

在第一阶段，我收集了 2 000 个方药，挑选出可能具有抗疟作用的 640 个，从其中的 200 个方药中提取了 380 余种提取物，在小白鼠身上测试抗疟效果，然而进展甚微。

研究的转折点出现在青蒿上，其提取物显示有一定的抗疟效果，然而实验结果很难重复，而且似乎与文献记录相悖。

为了寻找答案，我们查阅了大量的文献。最早提到青蒿治疗疟疾的记录，出现在东晋葛洪所著的《肘后备急方》中，书中有这样的话：

又方，青蒿一握，以水二升渍，绞取之，尽服之。

这句话让我深受启发：我们将传统加热提取改为低温提取，以保存其抗疟有效成分；抗疟效果果然大幅度提升！

我们随后将青蒿提取物分为酸性和中性两大部分。1971 年 10 月 4 日，我们成功得到了安全性高的中性提取物，并获得对感染疟疾的小白鼠和猴子百分之百的抗疟药效！我们终于找到了发现青蒿素抗疟疗效的突破口！

为了确认青蒿提取物对人体的安全性，我和我的同事勇敢地做志愿者，第一批做尝试。随后，我们对疟疾病人进行临床治疗，结果振奋人心：病人疟疾症状迅速消失！

受临床疗效的鼓舞，我们转向分离提纯。1972 年 11 月 8 日，终于找到了这个熔点在 156~157 ℃的无色晶体——$C_{15}H_{22}O_5$，后来我们将其命名为“青蒿素”。

青蒿素的发现是我们研究进展的第一步，我们随即转向第二步：将这个天然分子变为药物。

1973 年秋，我们在疟疾疫区试用青蒿素胶囊，取得了明确的疗效。这样，我们终于打开了新抗疟药物的大门。

在中国科学院生物物理研究所等单位的协作下，我们确定了青蒿素分子的立体结构，1977 年在《科学通报》发表，并迅速被《化学文摘》收录。1979 年，国家科学技术委员会授予我们“国家发明奖”，表彰青蒿素的发现。1986 年，青蒿素成为我国新药审批办法实施以来的第一个一类新药。

青蒿素和以往的抗疟药物相比，在化学结构和作用特点上有明显的差异。我们在研究评价的时候发现，比之青蒿素，双氢青蒿素的疗效提高近十倍，更重要的是，用双氢青蒿素治疗的病人复发率很低。在分子中引入羟基，也给发展新的青蒿素衍生物创造了更多的机会。

我们团队后来将双氢青蒿素发展成了新的药物。2009 年，我们出版了《青蒿素及其青蒿素类药物》，这本书记录了青蒿素发现的历史及我们在研究进程中所学到的知识。

2002 年，世界卫生组织推荐采用青蒿素作为一线药物治疗疟疾，青蒿素联合疗法极大地减轻了疟疾的症状，拯救了许多人的生命，特别是非洲孩子们的生命。

青蒿素是中国医学给予人类的一份珍贵礼物。我的梦想是：在同威胁人类健康与生命的疾病的斗争中，中医药学将进一步发挥威力，为维护世界人民的健康与福祉作出新的贡献！

——屠呦呦：《青蒿素：人类征服疾病的一小步》（节选，有删改）

1. 根据该演讲的主题及风格，为文中配图拟定一个主题词。

2. 本演讲有哪些值得借鉴的特点？请从听众、主题、内容三个方面，参照下列思维导图模型（可修改）做简单梳理。

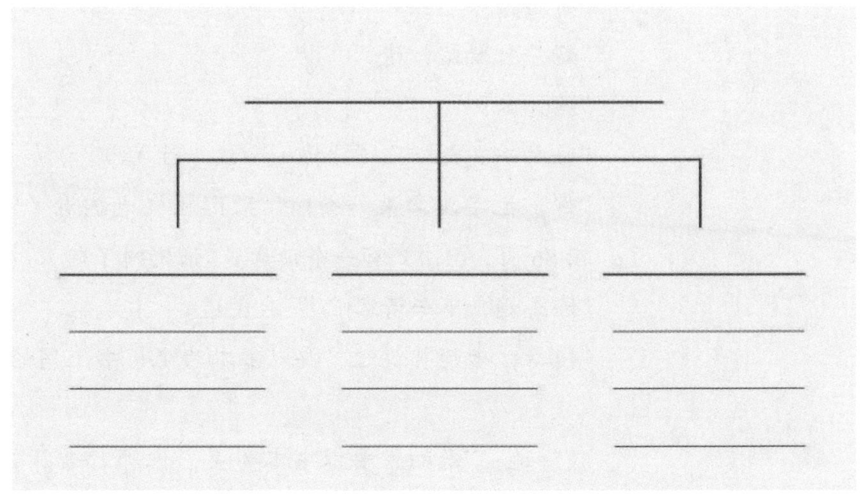

3. 每个同学就自己感兴趣的一个话题，确定主题后，收集尽可能多的支持材料，按照上面的思维导图模型（可修改）进行整理；

然后参照上文风格写一个1分半钟演讲稿（350字左右）；先在小组内演讲，被推举后，在老师主持下，上讲台演讲，并听取同学代表点评。

题四

青年学生，风华正茂，正在走向成熟。此时总喜欢争辩，一是训练口才，二是表现自己。这里所记录的就是我们生活中发生的一个争辩的片段。

早晨，陈文娟别有用心地问："《小石潭记》中的'为坻，为屿，为堪，为岩'中的'坻'怎么念？"我暗想，在中学里学这篇课文时不是念"dǐ"吗？就脱口答道："dǐ。"张彬也赞成。

陈"哼"了一声道："看书！不是念dǐ，而是念chí。"

我们定睛一看，书上果然写着chí；但我们不相信，坚持道："念dǐ。"

"念chí！"陈文娟的态度也很坚决。

"打赌！"

"好，打赌就打赌。"

"赌什么？"

"每人一支大赤豆（冰棒——编者注）。"

"好，把字典拿来。查！"张彬积极地翻看《新华字典》，"查到了，在86页，dǐ，只有一个读音。"张彬叫了起来。

"陈文娟，下午请客吧。"我笑道。

"慢着，老师曾说过，要以书本为主，书上写的是chí，就应该读chí。"

我辩道："是的，要以书本为主，但那时老师针对考试说的，教大家不要脱离书本复习。"张彬也帮腔道："老师提倡读活书、活读书。书上明明是错的，你却死抠书本，这不是死搬教条、钻牛角尖吗？"

陈文娟急了："还是要以书本为主，如果期中考试考到这个，我就写 chí，如果批我错，我就拿书给老师看。"

这时，张彬从书的《前言》里找出一段话念道："'由于编者水平有限，加以时间仓促，教材中难免有缺点和错误。'陈文娟，希望你就不要坚持错误了。"

秦芳在一旁笑道："你们这样争来争去，到底谁输谁赢啊？"

张彬开玩笑地说："陈文娟很穷，我们是知道的。这几根冰棍我们是不计较的。"我乘机落井下石："陈文娟死读书有方，却不会活读书。"

陈文娟哭笑不得，瞪着眼睛道："我是很穷，但这七毛二分钱还是出得起的。不过，这个该死的'坻'究竟怎么读，我们还是一起去问问语文老师吧！"

（本文作者为江苏省常州市技工学校 89 电工四班徐荣俊，选自该校语文教研室 1990 年所编优秀作文选编《校徽的故事》；文中《小石潭记》中"坻"的正确读音应该为"chí"，当年的《新华字典》漏注了一个读音；作为语文学习的权威工具书，学生不敢质疑字典是合情合理的）

1. 该作文所记载的辩论片段中，陈文娟为何由主动转为被动乃至最后失败？

2. 下面是一段法庭上的辩护词，阅读并指出该辩护词的特点。

美国第十六任总统林肯（1809—1865），在未当选总统前，于 1836 年至 1846 年间曾做过律师。有一次，他接受委托担任一位名叫小阿姆斯特朗的被告"谋财害命"案的辩护律师。在查阅了全部案卷后，林肯发现全案的关键，在原告方面一位名叫福尔逊的证人向法庭作证说："在 10 月 18 日的月光下清楚地目击了小阿姆斯特朗用枪击毙了死者。"据此，林肯要求复审。在复审中有这样一段对话：

林肯：你发誓说认清了小阿姆斯特朗？

福尔逊：是的。

林肯：你在草堆后，小阿姆斯特朗在大树下，两处相距二三十米，能认清吗？

福尔逊：看得很清楚，因为月光很亮。

林肯：你肯定不是从衣着方面认清的吗？

福尔逊：不是的，我认清了他的脸，因为月光正照在他脸上。

林肯：你肯定时间在 11 点吗？

福尔逊：充分肯定，因为我回头看了时钟，那时是 11 点 1 刻。

林肯：各位陪审员，我不得不告诉大家，这个证人是一个彻头彻尾的骗子。他一口咬定 10 月 18 日晚 11 点在月光下认清了被告的脸。请大家想一想，10 月 18 日那天是上弦月，11 点时月亮已经下山，哪里还有月光？退一步说，也许证人把时间记得不十分精确，时间稍有提前。但那时月光应是从西往东照，草堆在东，大树在西，如果被告的脸面对着草堆，脸上是不可能有月光的。

（注：美国法院审理案件，有由普通民众组成的陪审团参加，陪审团根据控辩双方律师的法庭辩论，依据各人的人生经验、朴素的是非标准和简单的法律知识以及控辩双方律师提供的证据，就案件事实进行评议，并决定被告是否有罪。所以，法庭辩论主要是在法官主持下面向陪审团进行，目的是争取获得陪审团的认可和支持）

3. 以 3 人为一小组，就下列论题，开展小组间的辩论练习。

（1）在技校学习，是知识更加重要，还是技能更加重要？

（2）一个是想当将军的士兵，一个是想当优秀士兵的士兵，你更赞赏哪一个？

学以致用

认真研究下列材料，根据要求，完成后面的学习任务。

近日，一段重庆消防官兵驾冲锋舟在嘉陵江中搜救“落水者”的视频引起了争议。视频中的情景发生在2018年7月13日。事发当天，洪峰正在过境嘉陵江。嘉陵江合川东津沱站13日5时数据显示，已出现洪峰水位210.93米，超警戒水位6米，这是2011年以来嘉陵江北碚段最高水位。此时的嘉陵江，浑黄的江水咆哮着奔腾而去，俨然一头猛兽。就在当天下午，有重庆市民报警称，洪峰正在过境的嘉陵江中有人被困。

这个情况让救援人员十分着急，警方立即通报给了沿江的各个相关部门一同参与到搜救工作当中。17时左右，重庆市北碚区消防支队指挥中心接到警情，立即调度离事发地最近的城南中队携冲锋舟前往，并调度城东中队赶至下游10公里处实施拦截救援。

由于相关部门早已事前发出嘉陵江洪峰过境的预警，所以当时江面没有船只航行。因正处洪峰过境高峰，加之水流湍急、暗流较多，别说人，甚至连消防冲锋舟也上下颠簸不止，与此同时，还有江边另一路救援人员在沿江公路开车寻找“落水者”。费尽周折后，经过近一小时、奔波十多公里的搜寻，消防官兵终于在北碚水土码头附近水域发现了他们。

当天坐镇指挥的重庆市北碚区消防支队参谋长刘锦强表示，从选择的江面位置到“落水者”的着装，他判断这7人绝不是第一次在大江大河里这样游泳。“他们选择了江心水域，能避开漩涡。漂流者身上穿的救生衣也属于更加贴身的专业救生衣，不是普通船只上用的那种。而且每个人的身上还都绑了不止一个漂浮球。”但即便是这样，并不能说明他们这样漂流就能保障安全。刘锦强说，漂流者自称从北碚区水域下水，将漂至沙坪坝上岸。但在冲锋舟之前寻人所驶过的水域，水流湍急，即便是船只行进都存在被掀翻的危险。城南中队中队长王植也说："当时水流是非常湍急的，因为洪峰过境嘛。流速可能达到了每秒钟十几二十米，旋涡啊是特别多的。特别危险的这样一个状态。"

直到水流相对较缓的位置，冲锋舟才追上漂流者试图实施救援。但令救援队员意想不到的是，当冲锋舟接近7名"落水者"，准备抛掷救生圈时，却遭到了对方的拒绝。重庆市北碚区公安消防支队城南中队班长崔维民说："我整个人都是懵的了，我想我们平时救援的时候，大家都非常配合嘛，一遇到这种情况，他说不要，顿时就懵了一下，瞬间懵了一下，为什么不要啊。"

通过询问，这些"落水者"自称是某游泳协会成员，认为此次洪峰"难得"，要体验"洪峰漂流"。在经过十几分钟劝说后，有两名男子上了冲锋舟。但是没过多久，他们又再次跳入江中。根据当地消防部门提供的一段视频，7名带着漂包等救生装备的游泳爱好者在洪峰过境的江边，做着下水前的准备活动，随后依次跳进了波涛汹涌的江水中。由于水流十分湍急，这些人瞬间就被冲出了很远的距离，在江面上时隐时现地漂了下去，场面十分惊险。

为了确保这些人的安全，消防救援人员随后开始劝说他们上岸避险。王植说："（他们）还是执意要去游泳，去漂流。所以，当时这种情况下我们也是比较尴尬和无奈的。"

当时，救援人员也曾考虑过采取强制手段将这些人带到岸上，然而由于水面上的情况十分复杂，强制带离有很大安全风险；而且消防部门没有强制将这些人带离的权力——刘锦强表示："如果我们强行采取控制措施，双方在水面上产生摩擦，那样反而更容易出意外。"王植说道："我们没有权力限制他们的人身自由，只能去劝阻和引导。"因此，无奈的消防救援人员只得在现场陪着他们一起继续漂流，以确保他们的安全。整个过程长达一个多小时。直到晚上7点左右，天色渐暗，冲锋舟不能冒风险夜行，消防人员只得在此时停止跟随。事后，刘锦强把相关视频、图片资料转交给了当地的公安部门。

在继续漂流了一个多小时后，天色已经渐渐暗了下来。随后，这些游泳爱好者开始陆续上了岸。据警方调查，从报警地点计算，这些游泳爱好者的漂流距离超过了 20 公里。

事件发生后，对于外界所担心的危险，“落水者”们——也就是 7 月 13 日当天参与洪峰漂流的几名游泳爱好者——看起来对自己的水性都挺有信心，更没有想到会成为被施救的对象。

“洪峰漂流者”之一刘先生说：“在户外游泳的话，不像游泳池里边，出来游泳的话，救生衣是游不动的，所以说我们都是带着漂包的。”

同时，几名“洪峰漂流者”也声称，他们一起去体验洪峰漂流的几个人水性都很好，而且也不是第一次漂流，因此他们自己并不担心安全问题。

“洪峰漂流者”之一华先生说：“不管是嘉陵江还是其他河流我们都漂过，也有过长时间漂流，总的来说肯定有一定的经验。”

此外，他们还表示，在洪峰中漂流时，他们并不知道岸边有人报了警，而且还展开了大规模搜救，这是大家所始料未及的。

事后，部分参与漂流的人被带到派出所进行了批评教育。很多人却认为，这事儿不能就这么过去了。并且当事漂流者说岸上有人在报警的时候，竟然露出轻松带笑的语气。

洪峰正在过境，水流量不仅巨大，而且十分湍急，还可能存在水底暗流与夺命漩涡，同时可能携带沙砾垃圾以及断枝残干，对涉水者具有重重威胁。正因此，每当有洪峰过境，靠近大江大河的群众唯恐避之不及，相关部门甚至需要提前疏散大江大河边的住户与生产者。而这七名游泳爱好者反倒“明知山有虎，偏向虎山行”，坚决要在“难得”的洪峰中体验漂流的“快感”。这段视频上传至网络后，立刻引来了网友的一片议论，其中不乏专家学者从公共资源、社会管理、生命意义、公民意识等角度的专业评论，有些观点甚至针锋相对。

任务 1：根据文意，每人给文中配图拟写一个主题语。在小组讨论中，充分阐述主题语的内涵，以说服他人。每个小组胜出者代表小组在全班发布成果，并充分阐述主题语的内涵。期间，必须回答来自他组成员的质询、反驳或修改意见。最后，以投票方式选出较为公认的主题语 1~3 条，由每位同学选择其中 1 条，写一篇不超过 140 字的微博评论，在班级自媒体发布。

任务 2：根据材料及上述讨论的成果，以普通网民身份，给消防救援部门、公安机关等政府部门，或者游泳爱好者协会等体育民间组织，写一份建议书。

任务 3：就自己所写建议书中的核心观点，结合校内、班级同学中流行的一些现象或行为分析，先参照下列思维导图模型（可修改），对观点和支持材料做一个整理、优化，再写一篇 1~2 分钟的演讲稿（300 字左右），上讲台演讲，并必须回答来自同学的质询、反驳。

自我测试

题一

安 ×× 等四位游客参加某旅行社组织的某地八日游活动，按照旅游合同规定，游客用餐自理，往返行程为“一飞一卧”。抵达目的地后，游客对当地导游的游览安排及景点讲解等都有意见，不时当着整个旅游团全体游客的面向“地陪”提意见。为此，“地陪”心里憋着一股气。随之，双方矛盾越来越尖锐。一天，由于安 ×× 等四位游客吃午餐时喝了一点酒，过了集合时间，“地陪”不等他们吃完饭，也未催促他们，就直接让旅游车开走，致使他们只能报警，通过当地公安部门的帮助才算找到了旅游车，并自费打车抵达……

根据上述案例，以安 ×× 等四位游客的名义，向有关部门写一封投诉信。

题二

1972 年，联合国教科文组织向全世界发出了“走向阅读社会”的号召，要求社会成员人人读书，让读书成为人民日常生活中不可或缺的部分。1995 年，联合国教科文组织宣布每年的 4 月 23 日为“世界读书日”。其主旨宣言为：“希望散居在全球各地的人们，无论你是年老还是年轻，无论你是贫穷还是富有，无论你是患病还是健康，都能享受阅读带来的乐趣，都能尊重和感谢为人类文明做出巨大贡献的文学、文化、科学思想大师们，都能保护知识产权。”

就上述“世界读书日”，上网收集更为详细的相关背景资料，结合本校或者本班实际，向学校有关部门写一份能够获得认可并执行的建议书，同时就所建议核心内容写一份倡议书。

题三

魏文王曾求教于名医扁鹊：“你们家兄弟三人，都精于医术，谁是医术最好的呢？”扁鹊：“大哥最好，二哥差些，我是三人中最差的一个。”魏王不解地问：“那为何你的名气最大呢？”

扁鹊解释说：“大哥治病，是在病情发作之前，那时候病人自己还不觉得有病，但大哥就下药铲除了病根，使他的医术难以被人认可，所以没有名气，只是在我们家中被推崇备至。我的二哥治病，是在病初起之时，症状尚不十分明显，病人也没有觉得痛苦，二哥就能药到病除，使乡里

人都认为二哥只是治小病很灵。我治病，都是在病情十分严重之时，病人痛苦万分，病人家属心急如焚。此时，他们看到我在经脉上穿刺，用针放血，或在患处敷以毒药以毒攻毒，或动大手术直指病灶，使重病人病情得到缓解或很快治愈，所以我名闻天下。”魏王大悟。

1. 根据文意，为文中配图拟定一个主题词。（可以此作为下道写作题的题目）

2. 请以典故为起始段，就“魏王大悟”引发自己的思考，将思考的过程和结果写出来，使之成为一篇说理性随笔。

题四

庄子和惠子在濠水的桥上游玩。

庄子说：“鱼儿在水里自由自在地游动，这是鱼儿的快乐啊！”

惠子说：“你不是鱼，又怎么知道鱼儿快乐呢？”

庄子说：“你不是我，你怎么知道我不知道鱼儿快乐呢？”

惠子说：“我不是你，所以我不知道你知道鱼儿快乐；你本来就不是鱼，所以你也完全不知道鱼儿快乐。”

庄子说：“请让我顺着你最初说的那个话来推断。你说‘你怎么知道鱼快乐’，是在已经知道我知道鱼快乐时才这样问我；现在我告诉你，我是在这濠水的桥上知道鱼儿快乐的。”

——庄子《庄子与惠子游于濠梁》(白话文)

1. 这是一段有趣的辩论，虽然增加了游玩的乐趣，但也显示出庄子和惠子就人是否知道“鱼之乐”两种截然不同的观点。说说其中的惠子是如何反驳庄子的，而庄子又是如何反驳惠子的。

2. 假如你是惠子，就上述庄子最后的辩驳进行再一次反驳。

3. 为文中配图拟一个主题词。

课外活动

活动名称：“为5加油”义卖展台进小区洽谈

活动主题：观点与论述

活动目标：能够通过“义卖展台进小区洽谈”实践，培养和提升自己提出观点进行论述，并根据具体情境调整论述策略，最大限度地获得他人认可的社会参与能力。

活动时间：校内集中辅导单次90分钟（可连续多次，或作为常规学习活动之一），校外两周内完成洽谈实践，并撰写洽谈报告。

活动准备：

1. 在教师的组织下，按自愿原则成立学习小组；每个学习小组3～5人；

选出组长。

2. 各小组先就下列案例进行讨论，指出其中存在的逻辑问题，并在自己的社会沟通交流中注意避免。

一个饥渴的旅行者走进一家小店，问：“老板，有面包吗？”

“有啊，5 先令一个。”老板边回答，边递给旅行者一个面包。

“有啤酒吗？我现在感到渴比饿更厉害。”旅行者又说。

“有啊，5 先令一瓶。”老板回答。

“那好。我就用这个面包换你一瓶啤酒，可以吗？”

“可以啊。”老板说着，收回旅行者手中的面包，递给他一瓶啤酒。旅行者接过啤酒，一饮而尽，然后掉头就要出门。

“你还没付酒钱呢，先生。”老板急忙说。

“我不是用面包换的吗？”旅行者说。

“可是，你面包也没付钱啊。”

“我没吃你的面包，为什么要付面包钱呢？”

老板一时无言以对，只好任由旅行者扬长而去。

3. 教师提供活动主题、背景资料，并就活动准备提出系统要求。

为帮助中国 3~5 岁贫困儿童脱离营养贫困，2015 年，安利公益基金会、中国发展研究基金会、中国儿童少年基金会和中国营养学会共同发起了“为 5 加油——学前儿童营养改善计划”，帮助中国贫困地区 3~5 岁儿童在成长关键期，获得必要的营养补充与健康教育，为孩子们的健康成长加油！

从 2016 年截至 2017 年，“为 5 加油”项目在青海、甘肃、山西、湖南等 7 省 498 所幼儿园开展，为 1.7 万名学龄前儿童带来持续的营养改善支持。

2018 年，“为 5 加油”项目覆盖 10 省，为 2.4 万名学龄前儿童带来持续的营养改善支持。

基于该项目的公益性和对学生的教育意义，有许多技工院校团委、学生会在校内进行了“义卖活动”，所得善款通过“中国儿童少年基金会（http://www.cctf.org.cn/）”在线捐赠。

为扩大“‘为 5 加油’校园爱心义卖”活动的社会影响力，校团委、学生会决定将它推广到居民小区中。这需要与小区物业管理公司进行洽谈，说服对方同意义卖展台入驻。

4. 鉴于小区物业公司是企业，有其自身的利益诉求。因此，义卖展台进驻小区，就可能给物业公司的利益诉求和小区管理模式带来一定的冲击。这就要求各小组做好与物业公司洽谈的各项准备工作，以期在洽谈过程中能够有效地化解分歧，达成共识。

（1）上网收集“为 5 加油”公益项目相关资料，对该项目性质内涵及相关政策进行充分的认识。

（2）上网收集慈善企业家的慈善活动报道，特别是和“中国儿童少年基金会”公益项目有关的慈善企业家。所搜案例要具有典型性和说服力。

（3）上网收集国家关于慈善事业精准扶贫等相关法规、政策，国家领导人相关讲话，名人关于慈善事业、精准扶贫经典名言。

（4）上网收集受助儿童贫困状况，受助后生活、学业、健康等得到明显改善的典型案例等。

就所收集资料，分门别类进行整理，形成“洽谈备忘录”。

5. 走访校园附近的小区，摸清基本情况，尤其是物业公司有决策权的负责人——最后确定目标小区。

6. 针对目标小区情况，初步拟定义卖物品、形式及与物业公司合作模式。将上述结果一并写入“洽谈备忘录”。

活动步骤：

步骤 1：教师宣布活动主题和程序。

步骤 2：各小组在组长主持下，讨论案例并制定洽谈方案。

步骤 3：就案例讨论结果和洽谈方案向全班做汇报，接受其他小组的质询和教师的指导，完善洽谈方案。

步骤 4：就完善后的洽谈方案，小组之间相互进行模拟洽谈，对发现的问题进行进一步完善，特别是被拒绝后的备用方案。

步骤 5：教师最后审定方案；学生就审定后的方案向院团委、学生会报批。

步骤 6：就批准后的方案在课后两周内继续进行模拟演练，然后利用双休日或者其他课余时间，到目标小区实施。

活动小结：本次活动是一次真实的带有商业洽谈性质的理解与表达实践；是对“观点＋理由”的人际沟通能力的实战检验。既综合体现了理解与表达，特别是有效说理的意识和能力，又获得了积极参与社会活动的切身体验，是学生综合职业素质的得以训练和提升的重要路径。一言以蔽之：生活离不开说理，说理是为了说服；说服是一种艺术，艺术来源于生活。